JN417692

마음 수행으로

그리는 禪·茶 그림 원묵화!

법문과 함께하는

禪畵 명상

만남을 통하여

행복이 가득한

낙원 생활을

이루시기 바라며

이 책을 드립니다.

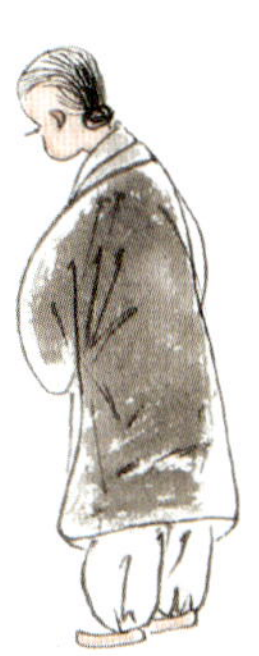

저자 **福陀圓 金元道** 두 손 모음

프로필

원불교 교무·선묵화가

복타원 김원도

福陀圓 金元道
Boktawon Kim won do

전북 정읍시 칠보면 시산리 출생
원광대학교 원불교학과 졸업
담원 김창배 문화예술학박사 사사

주소 : 대한민국 전북 익산시 평동로 27길14 (원불교 동산수도원)
전화 : 010-3689-6718
이메일 : wdo718@hanmail.net

〈회원전·단체전·초대전〉

- 1987.6.12-18　대구 효정서예 회원전 참여
- 2015.12.17-25　원로교무법어서예초대전 참여
- 2016.1.20-26　제4회 담원묵연전참여-한국미술관초대전(3점)
- 2016.11.24-29　원불교 원로교무초대전(일원갤러리)
- 2017.11.13-19　한국미술협회전(예술의전당 한가람미술관, 1점)
- 2018.1.23-2.13　무술년 어서오시개전 출품(솜리골작은미술관, 1점)
- 2018.2.9　평창동계올림픽성공기원 세계미술축전(1점)
- 2019.2.19-23　담원김창배명가명문전(제주에 핀 선화그림전, 2점)
- 2019.8.3　대한민국아카데미미술협회 초대전
- 2020.12.30-1.5　2021서울비엔날레 초대전
- 2021.7.1-8.31　문화가 펼쳐지는 익산문화관광재단 전시 참여
- 2022.3.18-4.10　2022익산미술상생전(2점)-익산예술의전당

〈개인전〉

- 2016,4.10-16　익산 일원갤러리(45점)
- 2018.1.10-16　담원명가명문 달력전(12점)
- 2018.4.10-15　익산 솜리예술회관(64점)
- 2018.5.1-30　익산문화재단 솜리골 작은 미술관(20점)
- 2021.1.6-23　한국미술관 초대 달력전(14점)
- 2022.5.19-25　선·다 원묵화 선화 명상전(익산예술의전당, 112점)

〈수상 및 경력〉

- 2014.9.18　제3회 원불교원묵회서예대전 특선
- 2014.10.11　제8회 대한민국마한서예문인화대전 입선
- 2015.5.9　제13회 갑오동학대전 특선

- 2015.6.3 제47회 전라북도미술대전 특선
- 2015.6.3 제2회 한국의 부채전 탄연상
- 2015.8.3 제13회 대한민국아카데미미술대전 삼체상
- 2015.9.16 제4회 원불교원묵회서예대전 특선
- 2015.10.3 제9회 대한민국 마한서예문인화대전 삼체상
- 2015.11.30 제14회 대한민국기로미술대전 삼체상
- 2015.12.2 제34회 대한민국미술대전 입선
- 2015.12.30 제31회 통일맞이대한민국전통미술대전 입선
- 2016.7.13 제48회 전라북도미술대전 입선
- 2016.7.30 제14회 대한민국아카데미미술대전삼체상
- 2016.8.7 제12회 평화예술제 입선
- 2016.10.27 제5회 원불교원묵회서예대전 장려상
- 2016.12.19 제35회 대한민국미술대전미술 입선
- 2017.1.9 제32회 대한민국전통미술대전 특선
- 2017.5.4 제15회 대한민국서예문인화대전 특선
- 2017.5.19 제23회 대한민국한지예술대전 입선
- 2017.7.16 제13회 평화예술제 입선
- 2017.8.26 제4회 한국서예신문공모대전 삼체상
- 2017.10.21 2017세계서예전북비엔날레기념공모전 입선
- 2017.10.21 제11회 대한민국마한서예문인화대전 입선
- 2017.11.2 제36회 대한민국미술대전 특선
- 2017.11.4 제6회 원불교 원묵회서예대전 특선
- 2017.11.22 제15회 대한민국아카데미미술대전 선묵화대상
- 2018.5.2 제16회 대한민국서예문인화대전 삼체상
- 2018.7.15 제14회 (사)평화미술제 특별상
- 2018.8.15 제5회 한국서예신문대전 특선
- 2018.10.13 제12회 대한민국마한서예문인화대전 삼체상
- 2018.11.3 제7회 원불교원묵화서예대전 특선
- 2018.12.1 대한민국아카데미미술협회 표창장

- 2018.12.15　제13회 대한민국운곡서예문인화대전 삼체상
- 2019.1.14　제34회 대한민국전통미술대전 삼체상
- 2019.6.26　제17회 대한민국서예문인화대전 삼체상
- 2019.11.2　제8회 원불교원묵회서예대전 특선
- 2019.11.9　제14회 대한민국운곡서예문인화대전 삼체상
- 2019.11.9　제38회 대한민국미술대전 특선
- 2020.5.13　제4회 국제한얼문인화예술대전 선묵화대상
- 2020.9.18　제39회 대한민국미술대전 특선
- 2020.10.　제14회 대한민국마한서예문인화대전 특선
- 2020.11.14　제15회 대한민국운곡서예문인화대전 삼체상

〈초대작가 및 회원〉

- 2016.11.20　대한민국아카데미미술협회 추천작가
- 2018.3.18　대한민국아카데미미술협회 초대작가
- 2019.6.26　대한민국서예문인화대전 초대작가
- 2020.10.30　원불교서예대전 초대작가
- 2021.2.26　대한민국 운곡서예문인화대전 초대작가
- 2021.6.29　(사)대한민국미술대전 초대작가
- 2021.9.28　예술활동증명
- 2021.10.23　대한민국마한서예문인화대전 초대작가
- 담원묵연회 회원
- 원불교서예협회 회원
- 대한민국미술협회 회원
- 익산미술협회 회원

ZEN Painting Meditation

법문과 함께 하는
禪·茶 그림 원묵화

선 화 명 상

복타원 김원도 著

책을 시작하며

대종사 말씀하시기를 "사람의 마음은 지극히 미묘하여 잡으면 있어지고 놓으면 없어진다 하였나니, 챙기지 아니하고 어찌 그 마음을 닦을 수 있으리오." 『대종경』 수행품 1장

30대에 붓을 처음 잡아보았다. 10여 년을 정진하다가 나이 들어 늙으면 어깨도 아프고 힘이 들어 먹 갈기도 힘에 부칠 텐데, 하며 붓을 놓았다. 지금은 먹물이 있어서 먹 갈 일도 없다.

퇴임 후 제2의 인생기를 맞이한 나는 동산원로수도원에서 수도정진의 과정으로 마한교육문화센터 평생교육과정 프로그램의 한 분야인 문인화반에 등록하여 새롭게 배움을 시작하였다.

원불교 영산수도원 오주은 교무의 초대로 우연히 2014년 10월 함평 국향대전 함평군립미술관, 초대전 담원 김창배전 개막식에 참석하여 교수님의 '국화 禪·茶 그림 선묵화' 작품 90여 점을 접하고, 선·다 그림 선묵화에 매혹되었다. 이후 서울 종로구 인사동 담원화실을 찾아가서 선묵화를 배우기 시작하여 오늘에 이르렀다.

한국미술협회 미술대전에서 초대작가가 되기까지 이끌어주시고 전통미술 선묵화를 사사해주신 담원 김창배 교수님께 감사드린다.

한국미술협회 초대작가가 되니 꿈과 희망, 도전이 다시 꿈틀거린다.

2021년 1월부터 월간 「원광」에 '김원도 원로교무의 선화명상'이라는 코너로 작품이 실리고 있다. 마음이 뿌듯하고 기쁘다. 이것이 계기가 되어 원불교 법문과 함께하는 원묵화로 그림책을 내보면 어떨까 하는 상상의 나래를 펼치고 있다.

지금도 공부하는 입장이지만, 한국미술협회 초대 작가증을 받고 보니 전통미술 禪·茶 그림 원묵화로 대종사님의 법문 『정전』과 『대종경』을 중심으로 마음공부 하며 그리는 그림 원묵화로 그림책을 내보자고 결심하게 되었다.

담원 김창배 교수님의 저서 『한국선화화법』에 "선화는 선禪의 정신을 담은 그림을 말한다. 그리고 차와 선 정신과 함께 지닌 작품을 차묵화라 할 수 있다. 선의 정신을 전하고자 선묵화를 그린다면 차묵화는 명상과 차와 선의 정신을 함께 전하는 일이다."라고 하셨다.

원묵화圓墨畵! 내 그림에 감히 원묵화라 이름 붙여본다. 원묵화는 원불교의 법문을 명상과 차와 선의 정신이 함께 지닌 마음공부 하며 그리는 작품이라 할 수 있다.

'아는 만큼 보인다'고 했듯이 『대종경』을 봉독할 때마다 구전심수口傳心授로 필자에게 전해주시는 대종사님의 말씀을 아직 원불교에서는 생소한 원묵화로 어떻게 표현할 수 있을까? 고심한다.

교산 이성택 교무는 필자가 2018년도에 익산솜리예술의전당에서 선묵화 64점으로 개인 전시를 할 때 도록 축사의 글에서 "선묵화로 교단 문화의 새로운 지평을 열고 자리매김해 가면서 문화 창조의 결실을 향해 가야 한다."

라고 격려해 주셨다.

이에 힘입어 교단 문화 창조의 두 번째 발걸음으로 『정전』과 『대종경』을 중심으로 선·다 원묵화를 선보이려고 한다.

전산 종법사님은 새해 법문으로"일원대도 법륜을 힘차게 굴리자"라고 말씀하셨다. 필자는 법문과 함께하는 선·다 원묵화 선화명상으로 일원대도 법륜을 힘차게 굴려 가는 한 방법을 택했다.
아직도 서툴고 미흡하고 부끄럽지만 지도 편달을 바라며 감히 도전해 본다.

『법문과 함께하는 禪·茶 그림 원묵화, 선화명상』을 통해서 인연 있는 분들의 서원과 수행 정진의 인연이 되어 한없는 세상에 혜복의 주인공들이 되기를 염원하면서 또한 법문과 함께 마음공부 하며 그린 禪·茶 그림 원묵화를 오늘도 꾸며간다.

2022년 4월
동산 수도원에서
선묵화가 복타원 김원도 저자 씀

차례

원불교 대종경

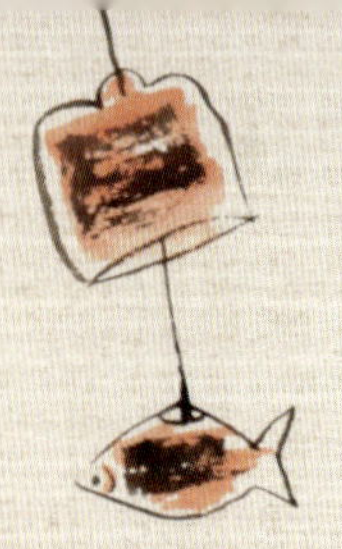

대종사 십상

원불교 표어

1. 물질物質이 개벽開闢되니 정신精神을 개벽開闢하자(개교표어)

물질 개벽 정신 개벽
한지수묵담채, 45×68

물질이 개벽되니 정신을 개벽하자
원도

2. 처처불상處處佛像 사사불공事事佛供(신앙표어)

처처불상 사사불공
한지수묵담채, 45×68

處處佛像
事事佛供
元道

3. 무시선無時禪
무처선無處禪(수행표어)

무시선 무처선
한지수묵담채, 45×68

無時禪
無處禪
元道

4. 동정일여動靜一如 영육쌍전靈肉雙全(공부표어)

동정일여 영육쌍전
한지수묵담채, 45×68

動靜一如 靈肉雙全
元道

5. 불법시생활佛法是生活 생활시불법生活是佛法(생활표어)

불법시생활 생활시불법
한지수묵담채, 45×68

佛法是生活 生活是佛法
元道

교리도

6. 교리도

원기 이십 팔년(1943) 계미癸未 일월에 대종사 새로 정한 교리도教理圖를 발표하시며 말씀하시기를 "내 교법의 진수가 모두 여기에 들어 있건마는 나의 참 뜻을 아는 사람이 몇이나 될꼬. 지금 대중 가운데 이 뜻을 온전히 받아갈 사람이 그리 많지 못한 듯하니 그 원인은, 첫째는 그 정신이 재와 색으로 흐르고, 둘째는 명예와 허식으로 흘러서 일심 집중이 못 되는 연고라, 그대들이 그럴진대 차라리 이것을 놓고 저것을 구하든지, 저것을 놓고 이것을 구하든지 하여, 좌우간 큰 결정을 세워서 외길로 나아가야 성공이 있으리라."

『대종경』 부촉품 7장

교리도
한지수묵담채, 45×68

敎法眞秀敎理圖
元道
知恩報恩
正覺正行
無我奉公
佛法活用
인과보응의 신앙문
진공묘유의 수행문
사은
천지은
부모은
동포은
법률은
삼학
정신수양
사리연구
작업취사
사요
자력양성
지자본위
타자녀교육
공도자숭배
팔조
信 忿 疑 誠
불신 탐욕 懶 愚
처처불상 사사불공
處處佛像
事事佛供
무시선 무처선
無時禪
無處禪
敎理圖

원불교 정전

7. 파란고해의 일체생령을

현하 과학의 문명이 발달됨에 따라 물질을 사용하여야 할 사람의 정신은 점점 쇠약하고, 사람이 사용하여야 할 물질의 세력은 날로 융성하여, 쇠약한 그 정신을 항복 받아 물질의 지배를 받게 하므로, 모든 사람이 도리어 저 물질의 노예 생활을 면하지 못하게 되었으니, 그 생활에 어찌 파란고해波瀾苦海가 없으리요.

그러므로, 진리적 종교의 신앙과 사실적 도덕의 훈련으로써 정신의 세력을 확장하고, 물질의 세력을 항복 받아, **파란고해의 일체생령을 광대무량한 낙원樂園으로 인도하려 함이 그 동기니라.**

『정전』 총서편 개교開敎의 동기

파란고해의 일체생령을
한지수묵담채, 45×68

파란고해의 일체생령을 광대
무량한 낙원으로 인도하려 함이
개교의 동기니라
원도

8. 은사상

일원은 언어도단言語道斷의 입정처入定處이요, 유무 초월의 생사문生死門인 바, 천지·부모·동포·법률의 본원이요, 제불·조사·범부·중생의 성품으로 능이성 유상하고 능이성 무상하여 유상으로 보면 상주 불멸로 여여 자연하여 무량 세계를 전개하였고,

무상으로 보면 우주의 성·주·괴·공과 만물의 생·노·병·사와 사생의 심신 작용을 따라 육도로 변화를 시켜 혹은 진급으로 혹은 강급으로 혹은 은생어해로 혹은 해생어은으로 이와 같이 무량 세계를 전개하였나니,

우리 어리석은 중생은 이 법신불 일원상을 체받아서 심신을 원만하게 수호하는 공부를 하며, 또는 사리를 원만하게 아는 공부를 하며, 또는 심신을 원만하게 사용하는 공부를 지성으로 하여 진급이 되고 은혜는 입을지언정, 강급이 되고 해독은 입지 아니하기로써 일원의 위력을 얻도록까지 서원하고 일원의 체성에 합하도록까지 서원함.

『정전』 교의편, 일원상 서원문

은사상
한지수묵담채, 45×68

일원은 언어도단의 입정처이요 유무
초월의 생사문인 바 천지 부모 동포
법률의 본원이요 제불 조사 범부 중생의
성품으로 능이 성 유상하고 능이 성 무상
하여 유상으로 보면 상주불멸로 여여
자연하여 무량세계를 전개하였고 무상
으로 보면 우주의 성주괴공과 만물의
생로병사와 사생의 심신작용을 따라 육도
로 변화를 시켜 혹은 진급으로 혹은
강급으로 :
恩思相 元道

9. 유는 무로 돌고 돌아

유有는 무無로 무는 유로
돌고 돌아 지극至極하면
유와 무가 구공俱空이나
구공 역시 구족具足이라.

『정전』 교의편, 게송偈頌

유는 무로 돌고 돌아
한지수묵담채, 45×68

합장
게송 유는 무로 무는 유로 돌고 돌아 지극하면 유와 무가 구공이나,
구공역시 구족이라
원도

10. 정각정행

정각정행은 일원의 진리 곧 불조 정전正傳의 심인을 오득悟得하여 그 진리를 체 받아서 안·이·비·설·신·의 육근을 작용할 때에 불편 불의不偏不倚하고 과불급過不及이 없는 원만행을 하자는 것이며….

『정전』 교의편, 사대강령

정각정행正覺正行
한지수묵담채, 45×68

正覺正行
元道

11. 지은보은

지은보은은 우리가 천지와 부모와 동포와 법률에서 은혜 입은 내역을 깊이 느끼고 알아서 그 피은의 도를 체받아 보은행을 하는 동시에, 원망할 일이 있더라도 먼저 모든 은혜의 소종래를 발견하여 원망할 일을 감사함으로써 그 은혜를 보답하자는 것이며….

『정전』 교의편, 사대강령

지은보은知恩報恩
한지수묵담채, 45×68

知恩報恩
元道

12. 불법활용

불법활용은 재래와 같이 불제자로서 불법에 끌려 세상 일을 못할 것이 아니라 불제자가 됨으로써 세상일을 더 잘하자는 것이니, 다시 말하면 불제자가 됨으로써 세상에 무용한 사람이 될 것이 아니라 그 불법을 활용함으로써 개인·가정·사회·국가에 도움을 주는 유용한 사람이 되자는 것이며….

『정전』 교의편, 사대강령

불법활용佛法活用
한지수묵담채, 45×68

佛法活用
元道

13. 무아봉공

무아봉공은 개인이나 자기 가족만을 위하려는 사상과 자유 방종하는 행동을 버리고, 오직 이타적 대승행으로써 일체 중생을 제도하는 데 성심 성의를 다 하자는 것이니라.

『정전』 교의편, 사대강령

무아봉공無我奉公
한지수묵담채, 45×68

無我奉公
元道

14. 원망생활을 감사생활로 돌리자

내가 그대들에게 일상 수행의 요법을 조석으로 외게 하는 것은 그 글만 외라는 것이 아니요, 그 뜻을 새겨서 마음에 대조하라는 것이니, 대체로는 날로 한 번씩 대조하고 세밀히는 경계를 대할 때마다 잘 살피라는 것이라,

(…중략…)

사람의 마음은 지극히 미묘하여 잡으면 있어지고 놓으면 없어진다 하였나니, 챙기지 아니하고 어찌 그 마음을 닦을 수 있으리요.

『대종경』 수행품 1장

1. 심지心地는 원래 요란함이 없건마는 경계를 따라 있어지나니, 그 요란함을 없게 하는 것으로써 자성自性의 정定을 세우자.
2. 심지는 원래 어리석음이 없건마는 경계를 따라 있어지나니, 그 어리석음을 없게 하는 것으로써 자성의 혜慧를 세우자.
3. 심지는 원래 그름이 없건마는 경계를 따라 있어지나니, 그 그름을 없게 하는 것으로써 자성의 계戒를 세우자.
4. 신과 분과 의와 성의로써 불신과 탐욕과 나와 우를 제거하자.
5. **원망생활을 감사생활로 돌리자.**
6. 타력 생활을 자력 생활로 돌리자.
7. 배울 줄 모르는 사람을 잘 배우는 사람으로 돌리자.
8. 가르칠 줄 모르는 사람을 잘 가르치는 사람으로 돌리자.
9. 공익심 없는 사람을 공익심 있는 사람으로 돌리자.

『정전』 수행편, 일상 수행의 요법

원망생활을 감사생활로 돌리자
한지수묵담채, 45×68

원망생활을 감사생활로
돌리자
원도

15. 선禪(좌선법)

대범, 좌선이라 함은 마음에 있어 망념을 쉬고 진성을 나타내는 공부이며, 몸에 있어 화기를 내리게 하고 수기를 오르게 하는 방법이니, 망념이 쉰즉 수기가 오르고 수기가 오른즉 망념이 쉬어서 몸과 마음이 한결 같으며 정신과 기운이 상쾌하리라.

그러나 만일 망념이 쉬지 아니한즉 불기운이 항상 위로 올라서 온 몸의 수기를 태우고 정신의 광명을 덮을지니, 사람의 몸 운전하는 것이 마치 저 기계와 같아서 수화의 기운이 아니고는 도저히 한 손가락도 움직이지 못할 것인 바, 사람의 육근 기관이 모두 머리에 있으므로 볼 때나 들을 때나 생각할 때에 그 육근을 운전해 쓰면 온 몸의 화기가 자연히 머리로 집중되어 온 몸의 수기를 조리고 태우는 것이 마치 저 등불을 켜면 기름이 닳는 것과 같나니라.

그러므로 우리가 노심 초사를 하여 무엇을 오래 생각한다든지, 또는 안력을 써서 무엇을 세밀히 본다든지, 또는 소리를 높여 무슨 말을 힘써 한다든지 하면 반드시 얼굴이 붉어지고 입 속에 침이 마르나니 이것이 곧 화기가 위로 오르는 현상이라, 부득이 당연한 일에 육근의 기관을 운용하는 것도 오히려 존절히 하려든, 하물며 쓸데 없는 망념을 끄리어 두뇌의 등불을 주야로 계속하리요.

그러므로 좌선은 이 모든 망념을 제거하고 진여眞如의 본성을 나타내며, 일체의 화기를 내리게 하고 청정한 수기를 불어내기 위한 공부니라.

『정전』 수행편, 좌선법

선禪
한지수묵담채, 45×68

禪
元道

16. 마음이 곧 부처라 하였으니

1. 세존世尊이 도솔천을 떠나지 아니하시고 이미 왕궁가에 내리시며, 모태 중에서 중생 제도하기를 마치셨다 하니 그것이 무슨 뜻인가.
2. 세존이 탄생하사 천상 천하에 유아 독존唯我獨尊이라 하셨다 하니 그것이 무슨 뜻인가.
3. 세존이 영산 회상에서 꽃을 들어 대중에게 보이시니 대중이 다 묵연하되 오직 가섭 존자迦葉尊者만이 얼굴에 미소를 띠거늘, 세존이 이르시되 내게 있는 정법 안장正法眼藏을 마하 가섭에게 부치노라 하셨다 하니 그것이 무슨 뜻인가.
4. 세존이 열반涅槃에 드실 때에 내가 녹야원鹿野苑으로부터 발제하跋提河에 이르기까지 이 중간에 일찍이 한 법도 설한 바가 없노라 하셨다 하니 그것이 무슨 뜻인가.
5. 만법이 하나에 돌아갔다 하니 하나 그것은 어디로 돌아갈 것인가.
6. 만법으로 더불어 짝하지 않은 것이 그 무엇인가.
7. 만법을 통하여다가 한 마음을 밝히라 하였으니 그것이 무슨 뜻인가.
8. 옛 부처님이 나시기 전에 응연凝然히 한 상이 둥글었다 하였으니 그것이 무슨 뜻인가.
9. 부모에게 몸을 받기 전 몸은 그 어떠한 몸인가.
10. 사람이 깊이 잠들어 꿈도 없는 때에는 그 아는 영지가 어느 곳에 있는가.
11. 일체가 다 마음의 짓는 바라 하였으니 그것이 무슨 뜻인가.
12. **마음이 곧 부처라 하였으니 그것이 무슨 뜻인가.**
13. 중생의 윤회되는 것과 모든 부처님의 해탈하는 것은 그 원인이 어디 있는가.
14. 잘 수행하는 사람은 자성을 떠나지 않는다 하니 어떠한 것이 자성을 떠나지 않는 공부인가.

『정전』 수행편, 의두요목

마음이 곧 부처라 하였으니
한지수묵담채, 45×68

마음이 곧 부처라 하였으니
그것이 무슨 뜻인가 원도

17. 육근이 무사하면

대범, 선禪이라 함은 원래에 분별 주착이 없는 각자의 성품을 오득하여 마음의 자유를 얻게 하는 공부인 바, 예로부터 큰 도에 뜻을 둔 사람으로서 선을 닦지 아니한 일이 없나니라.

사람이 만일 참다운 선을 닦고자 할진대 먼저 마땅히 진공眞空으로 체를 삼고 묘유妙有로 용을 삼아 밖으로 천만 경계를 대하되 부동함은 태산과 같이 하고, 안으로 마음을 지키되 청정함은 허공과 같이하여 동하여도 동하는 바가 없고 정하여도 정하는 바가 없이 그 마음을 작용하라. 이같이 한즉, 모든 분별이 항상 정을 여의지 아니하여 육근을 작용하는 바가 다 공적 영지의 자성에 부합이 될 것이니, 이것이 이른바 대승선大乘禪이요, 삼학을 병진하는 공부법이니라.

그러므로, 경經에 이르시되 "응하여도 주한 바 없이 그 마음을 내라" 하시었나니, 이는 곧 천만 경계 중에서 동하지 않는 행을 닦는 대법이라, 이 법이 심히 어려운 것 같으나 닦는 법만 자상히 알고 보면 괭이를 든 농부도 선을 할 수 있고, 마치를 든 공장工匠도 선을 할 수 있으며, 주판을 든 점원도 선을 할 수 있고, 정사를 잡은 관리도 선을 할 수 있으며, 내왕하면서도 선을 할 수 있고, 집에서도 선을 할 수 있나니 어찌 구차히 처소를 택하며 동정을 말하리요.

(… 중략 …)

근래에 선을 닦는 무리가 선을 대단히 어렵게 생각하여 처자가 있어도 못할 것이요, 직업을 가져도 못할 것이라 하여, 산중에 들어가 조용히 앉아야만 선을 할 수 있다는 주견을 가진 사람이 많나니, 이것은 제법이 둘 아닌 대법을 모르는 연고라, 만일 앉아야만 선을 하는 것일진대 서는 때는 선을 못 하게 될 것이니, 앉아서만 하고 서서 못하는 선은 병든 선이라 어찌 중생을 건지는 대법이 되리요. 뿐만 아니라, 성품의 자체가 한갓 공적에만 그친 것이 아니니, 만일 무정물과 같은 선을 닦을진대 이것은 성품을 단련하는 선공부가 아니요 무용한 병신을 만드는 일이니라.

그러므로, 시끄러운 데 처해도 마음이 요란하지 아니하고 욕심 경계를 대하여도 마음이 동하지 아니하여야 이것이 참 선이요 참 정이니, 다시 이 무시선의 강령을 들어 말하면 아래와 같나니라.

"육근六根이 무사無事하면 잡념을 제거하고 일심을 양성하며, 육근이 유사하면 불의를 제거하고 정의를 양성하라."

『정전』 수행편, 무시선법

육근이 무사하면
한지수묵담채, 50×35

18. 서원일심

사람이 출세하여 세상을 살아가기로 하면 자력自力과 타력이 같이 필요하나니 자력은 타력의 근본이 되고 타력은 자력의 근본이 되나니라.
그러므로, 자신할 만한 타력을 얻은 사람은 나무 뿌리가 땅을 만남과 같은지라, 우리는 자신할 만한 법신불法身佛 사은의 은혜와 위력을 알았으니, 이 원만한 사은으로써 신앙의 근원을 삼고 즐거운 일을 당할 때에는 감사를 올리며, 괴로운 일을 당할 때에는 사죄를 올리고, 결정하기 어려운 일을 당할 때에는 결정될 심고와 혹은 설명 기도를 올리며, 난경을 당할 때에는 순경될 심고와 혹은 설명 기도를 올리고, 순경을 당할 때에는 간사하고 망녕된 곳으로 가지 않도록 심고와 혹은 설명 기도를 하자는 것이니, 이 심고와 기도의 뜻을 잘 알아서 정성으로써 계속하면 지성이면 감천으로 자연히 사은의 위력을 얻어 원하는 바를 이룰 것이며 낙있는 생활을 하게 될 것이니라.

그러나, 심고와 기도하는 서원에 위반이 되고 보면 도리어 사은의 위력으로써 죄벌이 있나니, 여기에 명심하여 거짓된 심고와 기도를 아니하는 것이 그 본의를 아는 사람이라고 할 것이니라.
심고와 기도를 올릴 때에는 "천지 하감지위, 부모 하감지위, 동포 응감지위, 법률 응감지위, 피은자 아무는 법신불 사은 전에 고백 하옵나이다." 하고 앞에 말한 범위 안에서 각자의 소회를 따라 심고와 기도를 하되 상대처가 있는 경우에는 묵상 심고와 실지 기도와 설명 기도를 다 할 수 있고, 상대처가 없는 경우에는 묵상 심고와 설명 기도만 하는 것이니, 묵상 심고는 자기 심중으로만 하는 것이요, 실지 기도는 상대 처를 따라 직접 당처에 하는 것이요, 설명 기도는 여러 사람이 잘 듣고 감동이 되어 각성이 생기도록 하는 것이니라.

『정전』 수행편, 심고와 기도

서원일심誓願一心
한지수묵담채, 45×68

誓願一心
元道

19. 불공하는 법

과거의 불공 법과 같이 천지에게 당한 죄복도 불상佛像에게 빌고, 부모에게 당한 죄복도 불상에게 빌고, 동포에게 당한 죄복도 불상에게 빌고, 법률에게 당한 죄복도 불상에게만 빌 것이 아니라, **우주 만유는 곧 법신불의 응화신應化身이니, 당하는 곳마다 부처님處處佛像이요, 일일이 불공법事事佛供이라**, 천지에게 당한 죄복은 천지에게, 부모에게 당한 죄복은 부모에게, 동포에게 당한 죄복은 동포에게, 법률에게 당한 죄복은 법률에게 비는 것이 사실적인 동시에 반드시 성공하는 불공 법이 될 것이니라.

또는, 그 기한에 있어서도 과거와 같이 막연히 한정 없이 할 것이 아니라 수만 세상 또는 수천 세상을 하여야 성공될 일도 있고, 수백 세상 또는 수십 세상을 하여야 성공될 일도 있고, 한두 세상 또는 수십 년을 하여야 성공될 일도 있고, 수월 수일 또는 한때만 하여도 성공될 일이 있을 것이니, 그 일의 성질을 따라 적당한 기한으로 불공을 하는 것이 또한 사실적인 동시에 반드시 성공하는 법이 될 것이니라.

『정전』 수행편, 불공하는 법

불공하는 법
한지수묵담채, 45×68

불공하는법 우주만유는 곧 법신불의 응화신이니 당하는 곳마다
부처님이요 일일이 불공법이라
원도

20. 정당한 고락으로 무궁한 세월을

고락苦樂의 설명

대범, 사람이 세상에 나면 싫어하는 것과 좋아하는 것 두 가지가 있으니, 하나는 괴로운 고요 둘은 즐거운 낙이라, 고에도 우연한 고가 있고 사람이 지어서 받는 고가 있으며, 낙에도 우연한 낙이 있고 사람이 지어서 받는 낙이 있는 바, 고는 사람 사람이 다 싫어하고 낙은 사람 사람이 다 좋아하나니라.

그러나, 고락의 원인을 생각하여 보는 사람은 적은지라, 이 고가 영원한 고가 될는지 고가 변하여 낙이 될는지 낙이라도 영원한 낙이 될는지 낙이 변하여 고가 될는지 생각 없이 살지마는 우리는 정당한 고락과 부정당한 고락을 자상히 알아서 **정당한 고락으로 무궁한 세월을 한결같이 지내며**, 부정당한 고락은 영원히 오지 아니하도록 행·주·좌·와·어·묵·동·정 간에 응용하는 데 온전한 생각으로 취사하기를 주의할 것이니라.

낙을 버리고 고로 들어가는 원인

1. 고락의 근원을 알지 못함이요,
2. 가령 안다 할지라도 실행이 없는 연고요,
3. 보는 대로 듣는 대로 생각나는 대로 자행 자지로 육신과 정신을 아무 예산 없이 양성하여 철석 같이 굳은 연고요,
4. 육신과 정신을 법으로 질박아서 나쁜 습관을 제거하고 정당한 법으로 단련하여 기질 변화가 분명히 되기까지 공부를 완전히 아니한 연고요,
5. 응용하는 가운데 수고 없이 속히 하고자 함이니라.

『정전』 수행편, 고락에 대한 법문

정당한 고락으로 무궁한 세월을
한지수묵담채, 45×68

정당한 고락으로 무궁한 세월을
한결같이 지내며 원도

원불교 대종경

21. 대각일성

원기圓紀 원년 사월이십팔일(음 3월 26일)에 대종사大宗師 대각大覺을 이루시고 말씀하시기를 "만유가 한 체성이며 만법이 한 근원이로다. 이 가운데 생멸 없는 도道와 인과 보응되는 이치가 서로 바탕하여 한 두렷한 기틀을 지었도다."

『대종경』 서품 1장

대각일성大覺一聲
한지수묵담채, 45×68

大覺一聲

元道

22. 십인일단의 단 조직은

대종사 앞으로 시방 세계十方世界 모든 사람을 두루 교화할 **십인일단十人一團의 단 조직 방법**을 제정하시고 말씀하시기를
"이 법은 오직 한 스승의 가르침으로 **모든 사람을 고루 훈련할 빠른 방법이니**, 몇 억만의 많은 수라도 가히 지도할 수 있으나 그 공력은 항상 아홉 사람에게만 드리면 되는 간이한 조직이니라." 하시고,
앞서 고르신 구인 제자로 이 회상 최초의 단을 조직하신 후 "이 단은 곧 시방 세계를 응하여 조직된 것이니 단장은 하늘을 응하고 중앙中央은 땅을 응하였으며 팔인 단원은 팔방을 응한 것이라, 펴서 말하면 이 단이 곧 시방을 대표하고 거두어 말하면 시방을 곧 한 몸에 합한 이치니라." 하시니,
단장에 대종사, 중앙에 송규宋奎, 단원에 이재철李載喆 이순순李旬旬 김기천金幾千 오창건吳昌建 박세철朴世喆 박동국朴東局 유건劉巾 김광선金光旋이러라.

『대종경』 서품 6장

십인일단의 단 조직은
한지수묵담채, 45×68

십인일단의 단조직은 모든사람을 고루
훈련할 빠른 방법이니라
원도

23. 저 원상은 참 일원을

또 여쭙기를 "그러하오면 도형圖形으로 그려진 저 일원상 자체에 그러한 진리와 위력과 공부법이 그대로 갊아 있다는 것이오니까."
대종사 말씀하시기를 **"저 원상은 참 일원을 알리기 위한 한 표본이라, 비하건대 손가락으로 달을 가리킴에 손가락이 참 달은 아닌 것과 같나니라.** 그런즉 공부하는 사람은 마땅히 저 표본의 일원상으로 인하여 참 일원을 발견하여야 할 것이며, 원의 참된 성품을 지키고, 일원의 원만한 마음을 실행하여야 일원상의 진리와 우리의 생활이 완전히 합치 되리라."

『대종경』 교의품 6장

저 원상은 참 일원을
한지수묵담채, 45×68

저 원상은 참 일원을 알리기 위한 한 표본이라 비하건대
손가락으로 달을 가리킴에 손가락이 참 달은 아닌 것과
같나니라 — 김원도

24. 진리를 아는 사람은

대종사 말씀하시기를 "공부하는 사람들이 현묘한 진리를 깨치려 하는 것은 그 진리를 실생활에 활용하고자 함이니 만일 활용하지 못하고 그대로 둔다면 이는 쓸데없는 일이라, 이제 법신불 일원상을 실생활에 부합시켜 말해 주리라.

첫째는 일원상을 대할 때마다 견성 성불하는 화두話頭를 삼을 것이요,

둘째는 일상 생활에 일원상과 같이 원만하게 수행하여 나아가는 표본을 삼을 것이며,

셋째는 이 우주 만유 전체가 죄복을 직접 내려주는 사실적 권능이 있는 것을 알아서 진리적으로 믿어 나아가는 대상을 삼을 것이니,

이러한 **진리를 아는 사람은 일원상을 대할 때마다 마치 부모의 사진 같이 숭배될 것이니라."**

『대종경』 교의품 8장

진리를 아는 사람은
한지수묵담채, 45×68

진리를 아는 사람은 일원상을 대할 때마다 마치
부모의 사진 같이 숭배될 것이니라
원도

25. 실지불공

대종사 봉래 정사蓬萊精舍에 계실 때에 하루는 어떤 노인 부부가 지나가다 말하기를, 자기들의 자부子婦가 성질이 불순하여 불효가 막심하므로 실상사實相寺 부처님께 불공이나 올려 볼까 하고 가는 중이라고 하는지라,
대종사 들으시고 말씀하시기를 "그대들이 어찌 등상불에게는 불공할 줄을 알면서 산부처에게는 불공할 줄을 모르는가." 그 부부 여쭙기를 "산부처가 어디 계시나이까."
대종사 말씀하시기를 "그대들의 집에 있는 자부가 곧 산부처이니, 그대들에게 효도하고 불효할 직접 권능이 그 사람에게 있는 연고라, 거기에 먼저 공을 드려 봄이 어떠하겠는가." 그들이 다시 여쭙기를 "어떻게 공을 드리오리까."
대종사 말씀하시기를 "그대들이 불공할 비용으로 자부의 뜻에 맞을 물건도 사다 주며 자부를 오직 부처님 공경하듯 위해 주어 보라. 그리하면, 그대들의 정성을 따라 불공한 효과가 나타나리라."
그들이 집에 돌아가 그대로 하였더니, 과연 몇 달 안에 효부가 되는지라 그들이 다시 와서 무수히 감사를 올리거늘, 대종사 옆에 있는 제자들에게 말씀하시기를 "이것이 곧 죄복을 직접 당처에 비는 실지불공實地佛供이니라."

『대종경』 교의품 15장

실지불공實地佛供
한지수묵담채, 45×68

實地佛供
元道

26. 일체유심조

대종사 선원에 출석하여 말씀하시기를 "이인의화李仁義華가 지금 큰 발심이 나서 영업하는 것도 잊어 버리고, 예회를 본다 선원에 참예한다 하여 그 신성이 대단하므로 상을 주는 대신에 이 시간을 인의화에게 허락하노니 물을 일이 있거든 물어보라." 인의화 여쭙기를 "어떤 사람이 너희 교에서는 무엇을 가르치고 배우느냐고 묻는다면 어떻게 대답하오리까."

대종사 말씀하시기를 "원래 불교는 **일체유심조**一切唯心造 되는 이치를 스스로 깨쳐 알게 하는 교이니 그 이치를 가르치고 배운다고 하면 될 것이요, 그 이치를 알고 보면 불생 불멸의 이치와 인과 보응의 이치까지도 다 해결되나니라." 또 여쭙기를 "그 이치를 안 후에는 어떻게 공부를 하나이까."

대종사 말씀하시기를 "마음이 경계를 대하여 요란하지도 않고 어리석지도 않고 그르지도 않게 하나니라."

『대종경』 교의품 27장

일체유심조
한지수묵담채, 45×68

一切唯心造

元道

27. 동남풍 불리는 법

대종사 선원 해제식에서 대중에게 말씀하시기를 "나는 선중禪中 삼개월 동안에 바람 불리는 법을 그대들에게 가르쳤노니, 그대들은 바람의 뜻을 아는가. 무릇, 천지에는 동남과 서북의 바람이 있고 세상에는 도덕과 법률의 바람이 있나니, 도덕은 곧 동남풍이요 법률은 곧 서북풍이라, 이 두 바람이 한 가지 세상을 다스리는 강령이 되는 바, 서북풍은 상벌을 주재하는 법률가에서 담당하였거니와 동남풍은 교화를 주재하는 도가에서 직접 담당하였나니, 그대들은 마땅히 **동남풍 불리는 법을 잘 배워서 천지의 상생 상화**相生相和**하는 도를 널리 실행하여야 할 것이니라.**
그런즉, 동남풍 불리는 법은 어떠한 것인가. 이것은 예로부터 모든 부처님과 성자들의 교법이나 지금 우리의 교의가 다 그 바람을 불리는 법이요, 이 선기 중에 여러 가지의 과정課程이 또한 그 법을 훈련시킨 것이니, 그대들은 각자의 집에 돌아가 그 어떠한 바람을 불리겠는가. 엄동 설한에 모든 생령이 음울한 공기 속에서 갖은 고통을 받다가 동남풍의 훈훈한 기운을 만나서 일제히 소생함과 같이 공포에 싸인 생령이 안심을 얻고, 원망에 싸인 생령이 감사를 얻고, 상극相克에 싸인 생령이 상생을 얻고, 죄고에 얽힌 생령이 해탈을 얻고, 타락에 처한 생령이 갱생을 얻어서 가정·사회·국가·세계 어느 곳에든지 당하는 곳마다 화하게 된다면 그 얼마나 거룩하고 장한 일이겠는가. 이것이 곧 나의 가르치는 본의요, 그대들이 행할 바 길이니라.
그러나, 이러한 동남풍의 감화는 한갓 설교 언설만으로 주어지는 것이 아니요, 먼저 그대들의 마음 가운데에 깊이 이 동남풍이 마련되어서 심화 기화心和氣和하며 실천궁행하는 데에 이루어지나니, 그대들은 이 선기 중에 배운 바 모든 교의를 더욱 연마하고 널리 활용하여, 가는 곳마다 항상 동남풍의 주인공이 되라."

『대종경』 교의품 37장

동남풍 불리는 법
한지수묵담채, 45×68

동남풍 불리는 법을 잘 배워서 천지의 상생상화 하는 道를
널리 실행하여야 할 것이니라
원도

28. 그일 그일에 일심만 얻도록

대종사 말씀하시기를 "공부인이 동動하고 정靜하는 두 사이에 수양력修養力 얻는 빠른 방법은, 첫째는 모든 일을 작용할 때에 나의 정신을 시끄럽게 하고 정신을 빼앗아 갈 일을 짓지 말며 또는 그와 같은 경계를 멀리할 것이요, 둘째는 모든 사물을 접응할 때에 애착 탐착을 두지 말며 항상 담담한 맛을 길들일 것이요, 셋째는 이 일을 할 때에 저 일에 끌리지 말고 저 일을 할 때에 이 일에 끌리지 말아서 오직 **그일 그일에 일심만 얻도록 할 것이요**, 넷째는 여가 있는 대로 염불과 좌선하기를 주의할 것이니라.

또는, 동하고 정하는 두 사이에 연구력 얻는 빠른 방법은, 첫째는 인간 만사를 작용할 때에 그일 그일에 알음알이를 얻도록 힘쓸 것이요, 둘째는 스승이나 동지로 더불어 의견 교환하기를 힘쓸 것이요, 셋째는 보고 듣고 생각하는 중에 의심나는 곳이 생기면 연구하는 순서를 따라 그 의심을 해결하도록 힘쓸 것이요, 넷째는 우리의 경전 연습하기를 힘쓸 것이요, 다섯째는 우리의 경전 연습을 다 마친 뒤에는 과거 모든 도학가道學家의 경전을 참고하여 지견을 넓힐 것이니라.

또는, 동하고 정하는 두 사이에 취사력 얻는 빠른 방법은, 첫째는 정의인 줄 알거든 크고 작은 일을 막론하고 죽기로써 실행할 것이요, 둘째는 불의인줄 알거든 크고 작은 일을 막론하고 죽기로써 하지 않을 것이요, 셋째는 모든 일을 작용할 때에 즉시 실행이 되지 않는다고 낙망하지 말고 정성을 계속하여 끊임 없는 공을 쌓을 것이니라."

『대종경』 수행품 2장

그일 그일에 일심만 얻도록
한지수묵담채, 45×68

그일 그일에 일심만 얻도록 할것이니라

원도

29. 큰 발심이 있는 사람은

대종사 말씀하시기를 "사자나 범을 잡으러 나선 포수는 꿩이나 토끼를 보아도 함부로 총을 쏘지 아니하나니, 이는 작은 짐승을 잡으려다가 큰 짐승을 놓칠까 저어함이라, 큰 공부에 발심한 사람도 또한 이와 같아서 큰 발심을 이루는 데에 방해가 될까 하여 작은 욕심은 내지 않나니라.

그러므로, 성불을 목적하는 공부인은 세간의 모든 탐착과 애욕을 능히 불고하여야 그 목적을 이룰 것이니 만일 소소한 욕심을 끊지 못하여 큰 서원과 목적에 어긋난다면, 꿩이나 토끼를 잡다가 사자나 범을 놓친 셈이라 그 어찌 애석하지 아니하리요.

그러므로, 나는 **큰 발심이 있는 사람은 작은 욕심을 내지 말라 하노라.**"

『대종경』 수행품 6장

큰 발심이 있는 사람은
한지수묵담채, 45×68

큰 발심이 있는 사람은 작은 욕심을
내지 말라
원도

30. 사람의 일생에

회화會話 시간에 전음광全飮光이 공부인과 비공부인의 다른 점이란 문제로 말하는 가운데 "이 공부를 하지 않는 사람들도 어떠한 경우에 이르고 보면 또한 다 삼학을 이용하게 되나, 그들은 그 때 그 일만 지내 가면 방심이요 관심이 없기 때문에 평생을 지내도 공부상 아무 진보가 없지마는, 우리 공부인은 때의 동·정과 일의 유·무를 헤아릴 것 없이 이 삼학을 공부로 계속하는 까닭에 법대로 꾸준히만 계속한다면 반드시 큰 인격을 완성할 것이라." 하는지라,

대종사 들으시고 말씀하시기를 "음광의 말이 뜻이 있으나 내 이제 더욱 자상한 말로 그 점을 밝혀주리라. 가령, 여기에 세 사람이 모여 앉았는데 한 사람은 기계의 연구를 하고 있으며, 한 사람은 좌선을 하고 있으며, 한 사람은 그저 무료히 앉아 있다 하면, 외면으로 보아 그들이 앉아 있는 모양은 별로 다를 것이 없으나, 오랜 시일을 계속한 후에는 각각 큰 차이가 나타나게 될 것이니, 기계 연구를 한 사람은 어떠한 발명이 나타날 것이요, 좌선에 힘쓴 사람은 정신에 정력을 얻을 것이요, 무료 도일無聊度日한 사람은 아무 성과가 없을지라, 이와 같이 무엇이나 그 하는 것을 쉬지 않은 결과는 큰 차이가 있나니라.

또는, 내가 어려서 얼마 동안 같이 글 배운 사람 하나가 있는데, 그는 공부에는 뜻이 적고 광대 소리 하기를 즐겨하여 책을 펴 놓고도 그 소리, 길을 가면서도 그 소리이더니 마침내 백발이 성성하도록 그 소리를 놓지 못하고 숨은 명창 노릇하는 것을 연전年前에 보았고, 나는 또 어렸을 때부터 우연히 진리 방면에 취미를 가지기 시작하여 독서에는 별로 정성이 적고, 밤낮으로 생각하는 바가 현묘한 그 이치이어서 이로 인하여 침식을 다 잊고 명상에 잠긴 적이 한두 번이 아니었으며, 그로부터 계속되는 정성이 조금도 쉬지 않은 결과 드디어 이날까지 진리 생활을 하게 되었으니, 이것을 두고 볼지라도 **사람의 일생에 그 방향의 선택이 제일 중요한 것이며,** 이미 방향을 정하여 옳은 데에 입각한 이상에는 사심 없이 그 목적하는 바에 노력을 계속하는 것이 바로 성공의 기초가 되나니라."

『대종경』 수행품 11장

사람의 일생에
한지수묵담채, 45×68

31. 선의 강령

대종사 말씀하시기를 "선종禪宗의 많은 조사가 선禪에 대한 천만 방편과 천만 문로를 열어 놓았으나, 한 말로 통합하여 말하자면 **망념을 쉬고 진성을 길러서 오직 공적 영지空寂靈知가 앞에 나타나게 하자는 것**이 선이니,

그러므로 '적적寂寂한 가운데 성성惺惺함은 옳고 적적한 가운데 무기無記는 그르며,

또는 성성한 가운데 적적함은 옳고 성성한 가운데 망상은 그르다.' 하는 말씀이 선의 강령이 되나니라."

『대종경』 수행품 12장

선禪의 강령
한지수묵담채, 45×68

禪의 강령 망념은 쉬고 진성은 길러서 오직 空寂靈知가 앞에 나타나게 하는 것이니라 수행품 십이장 원도

32. 동할 때 공부의 요긴한 법

양도신梁道信이 여쭙기를 "대종사께옵서 평시에 말씀하시기를, 이 일을 할 때 저 일에 끌리지 아니하며, 저 일을 할 때 이 일에 끌리지 아니하고, 언제든지 하는 그 일에 마음이 편안하고 온전해야 된다 하시므로 저희들도 그와 같이 하기로 노력하옵던 바, 제가 이 즈음에 바느질을 하면서 약을 달이게 되었사온데 온 정신을 바느질 하는 데 두었삽다가 약을 태워버린 일이 있사오니, 바느질을 하면서 약을 살피기로 하오면 이 일을 하면서 저 일에 끌리는 바가 될 것이옵고, 바느질만 하고 약을 불고하오면 약을 또 버리게 될 것이오니, 이런 경우에 어떻게 하는 것이 공부의 옳은 길이 되나이까."

대종사 말씀하시기를 **"네가 그때 약을 달이고 바느질을 하게 되었으면 그 두 가지 일이 그 때의 네 책임이니 성심 성의를 다하여 그 책임을 잘 지키는 것이 완전한 일심이요 참다운 공부니, 그 한 가지에만 정신이 뽑혀서 실수가 있었다면 그것은 두렷한 일심이 아니라 조각의 마음이며 부주의한 일이라, 그러므로 열 가지 일을 살피나 스무 가지 일을 살피나 자기의 책임 범위에서만 할 것 같으면 그것은 방심이 아니고 온전한 마음이며, 동할 때 공부의 요긴한 방법이니라.**

다만, 내가 아니 생각하여도 될 일을 공연히 생각하고, 내가 안 들어도 좋을 일을 공연히 들으려 하고, 내가 안 보아도 좋을 일을 공연히 보려 하고, 내가 안 간섭하여도 좋을 일을 공연히 간섭하여, 이 일을 할 때에는 정신이 저 일로 가고 저 일을 할 때에는 정신이 이 일로 와서 부질없는 망상이 조금도 쉴 사이 없는 것이 비로소 공부인의 크게 꺼릴 바이라,

자기의 책임만 가지고 이 일을 살피고 저 일을 살피는 것은 비록 하루에 백천만 건件을 아울러 나간다 할지라도 일심 공부하는 데에는 하등의 방해가 없나니라."

『대종경』 수행품 17장

동할 때 공부의 요긴한 법
한지수묵담채, 45×68

動할 때 공부의 요긴한 방법 바느질과
약을 달이게 되었을 때 공부의 옳은 길은
열 가지 일을 살피나 스므 가지 일을 살피나
자기의 책임 범위에서만 할 것 같으면
그것은 방심이 아니라 온전한 마음이며
動할 때 공부의 요긴한 방법이니라
수행품 십칠장 원도

33. 현실로 나타나 있는

대종사 말씀하시기를 "그대들 가운데 누가 능히 끊임 없이 읽을 수 있는 경전을 발견하였는가. 세상 사람들은 사서 삼경四書三經이나 팔만 장경이나 기타 교회의 서적들만이 경전인 줄로 알고 현실로 나타나 있는 큰 경전은 알지 못하나니 어찌 답답한 일이 아니리요.

사람이 만일 참된 정신을 가지고 본다면 이 세상 모든 것이 하나도 경전 아님이 없나니, 눈을 뜨면 곧 경전을 볼 것이요, 귀를 기울이면 곧 경전을 들을 것이요, 말을 하면 곧 경전을 읽을 것이요, 동하면 곧 경전을 활용하여 언제 어디서나 조금도 끊임 없이 경전이 전개되나니라.

무릇, 경전이라 하는 것은 일과 이치의 두 가지를 밝혀 놓은 것이니, 일에는 시비 이해를 분석하고 이치에는 대소 유무를 밝히어, 우리 인생으로 하여금 방향을 정하고 인도를 밟도록 인도하는 것이라, 유교·불교의 모든 경전과 다른 교회의 모든 글들을 통하여 본다 하여도 다 여기에 벗어남이 없으리라.

그러나, 일과 이치가 글에 있는 것이 아니라 세상 전체가 곧 일과 이치 그것이니 우리 인생은 일과 이치 가운데에 나서 일과 이치 가운데에 살다가 일과 이치 가운데에 죽고 다시 일과 이치 가운데에 나는 것이므로 일과 이치는 인생이 여의지 못할 깊은 관계가 있는 것이며 세상은 일과 이치를 그대로 펴 놓은 경전이라, 우리는 이 경전 가운데 시비 선악의 많은 일들을 잘 보아서 옳고 이로운 일을 취하여 행하고 그르고 해 될 일은 놓으며, 또는 대소 유무의 모든 이치를 잘 보아서 그 근본에 깨침이 있어야 할 것이니, 그런다면 이것이 산 경전이 아니고 무엇이리요.

그러므로, 나는 그대들에게 **많고 번거한 모든 경전을 읽기 전에 먼저 이 현실로 나타나 있는 큰 경전을 잘 읽도록 부탁하노라.**"

『대종경』 수행품 23장

현실로 나타나 있는
한지수묵담채, 45×68

현실로 나타나 있는 큰 경전을 잘 읽도록 하라

원도

34. 저 등잔불이 그 광명은

대종사 봉래정사蓬萊精舍에 계시사 등잔불을 가리키시며 말씀하시기를 **"저 등잔불이 그 광명은 사면을 다 밝히는데 어찌하여 제 밑은 저 같이 어두운고."** 김남천金南天이 사뢰기를 "이는 실로 저와 같사오니, 저는 대종사의 문하에 직접 시봉하온 지 벌써 여러 해가 되었사오나 모든 일에 아는 것과 행하는 것이 멀리서 내왕하는 형제들만 같지 못하나이다."

대종사 웃으시며 다시 송규에게 물으시니, 송규 사뢰기를 "저 등불은 불빛이 위로 발하여 먼 곳을 밝히고 등대는 가까운데 있어서 아래를 어둡게 하오니, 이것을 비유하오면 혹 사람이 남의 허물은 잘 아나 저의 그름은 알지 못하는 것과 같다고 하겠나이다. 어찌하여 그런가 하면, 사람이 남의 일을 볼 때에는 아무것도 거리낌이 없으므로 그 장단과 고저를 바로 비춰 볼 수 있사오나, 제가 저를 볼 때에는 항상 나라는 상相이 가운데 있어서 그 그림자가 지혜 광명을 덮으므로 그 시비를 제대로 알지 못하나이다."

대종사 말씀하시기를 "그렇게 원만하지 못한 사람이 자타自他없이 밝히기로 하면 어찌하여야 될꼬." 송규 사뢰기를 "희·로·애·락에 편착하지 아니하며, 마음 가운데에 모든 상을 끊어 없애면 그 아는 것이 자타가 없겠나이다."

대종사 말씀하시기를 "그대의 말이 옳다."

『대종경』 수행품 26장

저 등잔불이 그 광명은
한지수묵담채, 45×68

저 등잔불이 그 광명은 사면을 다 밝히는데
어찌하여 제 밑은 저같이 어두운고 원도

35. 일행삼매一行三昧 험한 길을 당하니

대종사 이춘풍으로 더불어 청련암靑蓮庵 뒷 산 험한 재를 넘으시다가 말씀하시기를 "험한 길을 당하니 일심 공부가 저절로 되는도다. 그러므로, 길을 가되 험한 곳에서는 오히려 실수가 적고 평탄한 곳에서 실수가 있기 쉬우며, 일을 하되 어려운 일에는 오히려 실수가 적고 쉬운 일에 도리어 실수가 있기 쉽나니, 공부하는 사람이 험하고 평탄한 곳이나 어렵고 쉬운 일에 대중이 한결같아야 일행삼매一行三昧의 공부를 성취하나니라."

『대종경』 수행품 34장

일행삼매一行三昧 험한 길을 당하니
한지수묵담채, 45×68

行三昧 대종사 이춘풍으로 더불어 청편암 뒷산 길로 험한 재를
넘으시다가 험한 길을 당하여 일심 공부가 저절로 되는도다
그러므로 길을 가되 험한 곳에서는 오히려 실수가 적고
평탄한 곳에서 실수가 있기 쉬우며 일을 하되
어려운 일에는 오히려 실수가 적고 쉬운 일에
도리어 실수가 있기 쉽나니
수행품 삼십사장
복타원 김원도

36. 그대들의 입선 공부는

대종사 선원 대중에게 말씀하시기를 "**그대들의 입선 공부는 비하건대 소 길들이는 것과 같나니 사람이 세상에서 도덕의 훈련이 없이 보는 대로 듣는 대로 생각나는 대로 자행 자지하여 인도 정의에 탈선되는 행동을 하는 것은 어미 젖 떨어지기 전의 방종한 송아지가 자행 자지로 뛰어다닐 때와 같은 것이요,**

사가를 떠나 선원에 입선하여 모든 규칙과 계율을 지켜 나갈 때에 과거의 습관이 떨어지지 아니하여 지도인의 머리를 뜨겁게 하며, 각자의 마음에도 사심 잡념이 치성하여 이 공부 이 사업에 안심이 되지 못하는 것은 젖 뗀 송아지가 말뚝에 매달리어 어미 소를 부르고 몸살을 치며 야단을 할 때와 같은 것이며,

매일 모든 과정을 지켜 나갈 때에 말귀도 차차 알아 듣고 사심과 잡념도 조금씩 가라앉으며 사리간에 모르던 것이 한 가지 두 가지 알아지는 데에 재미가 붙는 것은 그 소가 완전한 길은 들지 못하였으나 모든 일에 차차 안심을 얻어가는 때와 같은 것이요, 교의의 해석과 수행에 탈선되는 일이 없으며 수양력과 연구력과 취사력이 익어가는 동시에 정신·육신·물질을 희사하여, 가는 곳마다 공중을 이익 주게 되는 것은 길 잘든 소가 무슨 일이나 시키면 잘하여 가는 곳마다 그 주인에게 이익을 주는 것과 같나니라.

이와 같이, 농가에서 농부가 소를 길들이는 뜻은 전답을 갈 때에 잘 부리자는 것이요, 선원에서 그대들에게 전문 훈련을 시키는 뜻은 인류 사회에 활동할 때에 유용하게 활용하라는 것이니, 그대들은 이런 기회에 세월을 허송하지 말고 부지런히 공부하여 길 잘든 마음 소로 너른 세상에 봉사하여 제생의세濟生醫世의 거룩한 사도가 되어주기 바라노라."

『대종경』 수행품 55장

그대들의 입선 공부는
한지수묵담채, 45×68

그대들의 입선공부는 소길
들이는 것과 같나니라.
원도

37. 마음 난리를 평정하는

대종사 선원 대중에게 말씀하시기를 "우리의 공부법은 난리 세상을 평정할 병법兵法이요, 그대들은 그 병법을 배우는 훈련생과 같다 하노니, 그 난리란 곧 세상 사람의 마음 나라에 끊임없이 일어나는 난리라, 마음 나라는 원래 온전하고 평안하며 밝고 깨끗한 것이나, 사욕의 마군을 따라 어둡고 탁해지며 복잡하고 요란해져서 한없는 세상에 길이 평안할 날이 적으므로, 이와 같은 중생들의 생활하는 모양을 마음 난리라 한 것이요,

병법이라 함은 곧 우리의 마음 가운데 모든 마군을 항복받는 법이니 그 법은 바로 정定과 혜慧와 계戒를 닦으며, 법法과 마魔를 구분하는 우리의 수행 길이라, 이것이 곧 더할 수 없는 세계 정란靖亂의 큰 병법이니라.

그러나, 세상 사람들은 이 마음 난리는 난리로 생각하지도 아니하나니 어찌 그 본말을 안다 하리요. 개인·가정과 사회·국가의 크고 작은 모든 전쟁도 그 근본을 추구해 본다면 다 이 사람의 마음 난리로 인하여 발단되는 것이니,

그러므로 마음 난리는 모든 난리의 근원인 동시에 제일 큰 난리가 되고, 이 마음 난리를 평정하는 법이 모든 법의 조종인 동시에 제일 큰 병법이 되나니라. 그런즉, 그대들은 이 뜻을 잘 알아서 정과 혜를 부지런히 닦고 계율을 죽기로써 지키라. 오래오래 쉬지 아니하고 반복 수행하면 마침내 모든 마군을 항복받을 것이니,

그리된다면 법강 항마의 법위를 얻게 되는 동시에 **마음 난리에 편할 날이 없는 이 세상을 평정하는 훌륭한 도원수都元帥가 될 것으로 확신하노라."**

『대종경』 수행품 58장

마음 난리를 평정하는
한지수묵담채, 45×68

마음난리를 평정하는 도원수가 되라
원도

38. 마음 바탕을 잘 단련하여

대종사 말씀하시기를 "본래에 분별과 주착이 없는 우리의 성품性稟에서 선악간 마음 발하는 것이 마치 저 밭에서 여러 가지 농작물과 잡초가 나오는 것 같다 하여 우리의 마음 바탕을 심전心田이라 하고 묵은 밭을 잘 개척하여 좋은 밭을 만들 듯이 우리의 **마음 바탕을 잘 단련하여 혜복을 갖추어 얻자**는 뜻에서 심전 계발啓發이라는 말이 있게 되었나니라.

그러므로, 심전을 잘 계발하는 사람은 저 농사 잘 짓는 사람이 밭에 잡초가 나면 매고 또 매어 잡초는 없애고 농작물만 골라 가꾸어 가을에 많은 수확을 얻는 것 같이, 선악간에 마음 발하는 것을 잘 조사하고 또 조사하여 악심이 나면 제거하고 또 제거해서 악심은 없애고 양심만 양성하므로 혜복이 항상 넉넉할 것이요,

심전 계발을 잘못 하는 사람은 저 농사 잘못 짓는 사람이 밭에 잡초가 나도 내버려 두고 농작물이 나도 그대로 두어서 밭을 다 묵히어 가을에 수확할 것이 없는 것 같이, 악한 마음이 나도 그대로 행하고 선한 마음이 나도 그대로 행하여 자행 자지하는지라 당하는 것이 고뿐이요, 혜복의 길은 더욱 멀어지나니라.

그러므로, 우리의 천만 죄복이 다른 데에 있는 것이 아니요, 오직 이 심전 계발을 잘하고 못하는 데에 있나니, 이 일을 어찌 등한히 하리요."

『대종경』 수행품 59장

마음 바탕을 잘 단련하여
한지수묵담채, 45×68

마음바탕을잘단련하여혜복을 얻자
원도

39. 도라 하는 것은

새로 입교한 교도 한 사람이 여쭙기를 "저는 마침 계룡산鷄龍山 안에 살고 있사와, 산 안에 있는 여러 교회의 인물들과 많이 담화하게 되옵는바, 그들이 항상 각자의 교리를 자랑하며 말마다 도덕을 일컬으오나, 아직도 그 뜻에 밝은 해답을 듣지 못하였사오니 대종사께서 그 도덕의 뜻을 가르쳐 주옵소서."

대종사 말씀하시기를 "그대가 이제 도덕을 알고자 하니 그 마음이 기특하나 도덕이라 하면 그 범위가 심히 넓어서 짧은 시간에 가히 다 설명할 수 없나니라.

그러므로, 그대가 이 공부를 시작하여 상당한 훈련을 받은 후에야 점차로 알게 될 것이나, 이제 그 궁금한 마음을 풀기 위하여 우선 도덕의 제목만을 대강 해석해 줄 터이니 자세히 들으라.

무릇, **도道라 하는 것은 쉽게 말하자면 곧 길을 이름이요, 길이라 함은 무엇이든지 떳떳이 행하는 것을 이름이니,** 그러므로 하늘이 행하는 것을 천도天道라 하고, 땅이 행하는 것을 지도地道라 하고, 사람이 행하는 것을 인도人道라 하는 것이며, 인도 가운데에도 또한 육신이 행하는 길과 정신이 행하는 길 두 가지가 있으니, 이 도의 이치가 근본은 비록 하나이나 그 조목은 심히 많아서 가히 수로써 헤아리지 못하나니라.

그러므로, 이 여러 가지 도 가운데에 우선 인도 하나만 들어 말하여도, 저 육신이 행하는 도로의 선線이 어느 지방을 막론하고 큰 길 작은 길이 서로 연락하여 산과 물과 들과 마을에 천만 갈래로 뻗어나간 수가 한이 없는 것같이, 정신이 행하는 법의 길도 어느 세상을 막론하고 큰 도와 작은 도가 서로 병진하여 개인·가정·사회·국가에 경계를 따라 나타나서 그 수가 실로 한이 없나니라.

그러나, 이제 몇 가지 예를 들면 부모·자녀 사이에는 부모·자녀의 행할 바 길이 있고, 상·하 사이에는 상·하의 행할 바 길이 있고, 부부 사이에는 부부의 행할 바 길이 있고, 붕우 사이에는 붕우의 행할 바 길이 있고, 동포 사이에는 동포의 행할 바 길이 있으며, 그와 같이 사사물물을 접응할 때마다 각각 당연한 길이 있나니, 어느 곳을 막론하고 오직 이 당연한 길을 아는 사람은 곧 도를 아는 사람이요, 당연한 길을 모르는 사람은 곧 도를 모르는 사람이며, 그 중에 제일 큰 도로 말하면 곧 우리의 본래 성품인 생멸 없는 도와 인과 보응되는 도이니, 이는 만법을 통일하며 하늘과 땅과 사람이 모두 여기에 근본하였으므로 이 도를 아는 사람은 가장 큰 도를 알았다 하나니라."

『대종경』 인도품 1장

도道라 하는 것은
한지수묵담채, 45×68

40. 덕은 어느 곳 어느 일을

대종사 이어서 말씀하시기를 "**덕德이라 하는 것은 쉽게 말하자면 어느 곳 어느 일을 막론하고 오직 은혜恩惠가 나타나는 것을 이름이니**, 하늘이 도를 행하면 하늘의 은혜가 나타나고, 땅이 도를 행하면 땅의 은혜가 나타나고, 사람이 도를 행하면 사람의 은혜가 나타나서, 천만 가지 도를 따라 천만 가지 덕이 화하나니라.

그러므로, 이 여러가지 덕 가운데에 우선 사람의 덕만 해석하여 본다 하여도 그 조건이 또한 한이 없나니, 부모·자녀 사이에 도를 행하면 부모·자녀 사이의 덕이 나타나고, 상·하 사이에 도를 행하면 상·하 사이의 덕이 나타나고, 부부 사이에 도를 행하면 부부 사이의 덕이 나타나고, 붕우 사이에 도를 행하면 붕우 사이의 덕이 나타나고, 동포 사이에 도를 행하면 동포 사이의 덕이 나타나서, 개인에 당하면 개인이 화하고, 가정에 당하면 가정이 화하고, 사회에 당하면 사회가 화하고, 국가에 당하면 국가가 화하고, 세계에 당하면 세계가 화하는 것이며,

그 중에 제일 큰 덕으로 말하면 곧 대도를 깨달은 사람으로서 능히 유무를 초월하고 생사를 해탈하며 인과에 통달하여 삼계 화택三界火宅에 헤매이는 일체 중생으로 하여금 한 가지 극락에 안주하게 하는 것이니, 이러한 사람은 가히 대덕을 성취하였다 하리라."

『대종경』 인도품 2장

덕은 어느 곳 어느 일을
한지수묵담채, 45×68

덕은 어느 곳 어느 일을 막론하고 은혜가 나타나는 것을 이름이니라
원도

41. 사람이 세상에 나서

대종사 이동진화李東震華에게 말씀하시기를 **"사람이 세상에 나서 할 일 가운데 큰 일이 둘이 있으니 그 하나는 정법의 스승을 만나서 성불하는 일이요, 그 둘은 대도를 성취한 후에 중생을 건지는 일이라,** 이 두 가지 일이 모든 일 가운데 가장 근본이 되고 큰 일이 되나니라."

『대종경』 인도품 6장

사람이 세상에 나서
한지수묵담채, 45×68

사람이 세상에 나서 할일 가운데 큰일이 둘이
있으니 성불하고 중생을 건지는 일이니라
元道

42. 근본을 다스려야

대종사 말이 수레를 끌고 가는 것을 보시고 한 제자에게 물으시기를 "저 수레가 가는 것이 말이 가는 것이냐 수레가 가는 것이냐." 그가 사뢰기를 "말이 가매 수레가 따라서 가나이다."

또 말씀하시기를 "혹 가다가 가지 아니할 때에는 말을 채찍질하여야 하겠느냐, 수레를 채찍질하여야 하겠느냐." 그가 사뢰기를 "말을 채찍질하여야 하겠나이다."

또 말씀하시기를 "그대의 말이 옳으니 말을 채찍질하는 것이 곧 근본을 다스림이라, 사람이 먼저 그 근본을 찾아서 **근본을 다스려야 모든 일에 성공을 보나니라.**"

『대종경』 인도품 8장

근본根本을 다스려야
한지수묵담채, 45×68

根本을 닦으려야 모든일에 成功을 보나니라
원로

43. 큰 재주 있는 사람

대종사 말씀하시기를 "**큰 재주 있는 사람은 남의 재주를 자기 재주 삼을 줄 아나니**, 그런 사람이 가정에 있으면 그 가정을 흥하게 하고, 나라에 있으면 나라를 흥하게 하고, 천하에 있으면 천하를 흥하게 하나니라."

『대종경』 인도품 13장

큰 재주 있는 사람
한지수묵담채, 45×68

큰 재주 있는 사람은 남의 재주를 자기 재주
삼을 줄 아나니라
원도

44. 증애에 끌린바가 없다면

한 제자 자기의 부하 임원에게 지나치게 엄책하는 것을 보시고, 대종사 말씀하시기를 "**그대가 증애에 끌린바가 없이 훈계하였다면 그 말이 법이 될 것이나, 만일 끌린바가 있었다면 법이 되지 못하리라.** 천지의 이치도 더위나 추위가 극하면 변동이 생기는 것 같이 사람의 처사하는 것도 너무 극하면 뒷날의 쇠함을 불러들이나니라."

『대종경』 인도품 19장

증애에 끌린바가 없다면
한지수묵담채, 45×68

증애에 끌린 바가 없이 훈계하였다면 그 말이 法이
될 것이나 많이 끌린 바가 있었다면
법이 되지 못하리라
원도

45. 구시화복문

대종사 말씀하시기를 **"우리 속담에 말하고 다니는 것을 나팔 불고 다닌다고도 하나니, 사람사람이 다 나팔이 있어 그 나팔을 불되 어떤 곡조는 듣는 사람의 마음을 편안하게 하고, 어떤 곡조는 듣는 사람의 마음을 불안하게 하며, 어떤 곡조는 슬프게 하고, 어떤 곡조는 즐겁게 하며, 어떤 곡조는 화합하게 하고, 어떤 곡조는 다투게 하여, 그에 따라 죄와 복의 길이 나누이게 되나니라.**

그런즉, 그대들은 모든 경계를 당하여 나팔을 불 때에, 항상 좋은 곡조로 천만 사람이 다 화하게 하며, 자기 일이나 공중의 일이 흥하게는 할지언정 서로 다투게 하고 망하게는 하지 않도록 하라.

그러하면, 그 나팔이 한량없는 복을 장만하는 좋은 악기가 되려니와 그렇지 못하면 그 나팔이 한량없는 죄를 불러들이는 장본이 되리라."

『대종경』 인도품 21장

구시화복문 口是禍福門
한지수묵담채, 45×68

12 복 福 福門
우리 속담에 말하고 답본다는 것을 나팔 불고 다 본다고도 하나니 사람 사람이 나팔들이 있어 그 나팔을 불되 어떤 곡조는 듣는 사람의 마음을 편안하게 하고 어떤 곡조는 듣는 사람의 마음을 불안하게 하며 슬프게 하고 즐겁게 하며 화합하게 하고 다투게 하여 그에 따라 죄와 복의 길이 나누이게 되나니라 그런즉 그대들은 모든 경계를 당하여 나팔을 불 때에 항상 좋은 곡조로. 인도품 이십일장 원도

46. 개의 책임

어느 날 밤에 조실 문을 지키던 개가 무슨 인기척에 심히 짖는지라, 한 제자 일어나서 개를 꾸짖거늘

대종사 말씀하시기를 "**개의 책임은 짖는 데에 있거늘 그대는 어찌하여 그 책임 이행하는 것을 막는가. 이 세상에는 모든 사람과 모든 물건이 다 각각 책임이 있으며, 사람 하나에도 눈·귀·코·혀·몸·마음이 각각 다 맡은 책임이 있나니, 상하와 귀천을 막론하고 다 그 책임만 이행한다면 이 세상은 질서가 서고 진보가 될 것이니라.**

그런즉, 그대들은 각자의 책임 이행도 잘 하려니와 또한 남의 책임 이행을 방해하지도 말라. 그런데, 이 모든 책임 가운데에는 모든 책임을 지배하는 중추中樞의 책임이 또한 있나니, 사람은 그 마음이 중추의 책임이 되고, 사회·국가는 모든 지도자가 그 중추의 책임이 되어 모든 기관을 운영하고 조종하게 되나니라.

그러므로, 중추의 책임을 가진 사람으로서 조금이라도 그 책임에 등한하다면 거기에 따른 모든 책임 분야가 다 같이 누그러져서 그 기관은 자연 질서를 잃게 되나니 그대들은 각자의 처지를 살펴 보아서 어떠한 책임이든지 그 이행에 정성을 다할 것이며, 모든 책임의 중추가 되는 마음의 운용에 주의하여 자신의 운명과 대중의 전도에 지장이 없도록 하라."

『대종경』 인도품 23장

개의 책임
한지수묵담채, 45×68

개의책임은짖는데에있거늘그책임이행하는것을
막지말라상하귀천을막론하고다그책임만이행한
다면이세상은질서가서고진보가될것이니라 원도

47. 경외심을 놓지 말라

대종사 대중에게 말씀하시기를 "오늘은 그대들에게 마음 지키고 몸 두호하는 데에 가장 필요한 방법을 말하여 주리니 잘 들어서 모든 경계에 항상 공부하는 표어를 삼을지어다.

표어란 곧 경외심을 놓지 말라 함이니, 어느 때 어디서 어떠한 사람을 대하거나 어떠한 물건을 대하거나 오직 공경하고 두려워하는 마음을 가지고 대하라 함이니라.

사람이 공경하고 두려워하는 마음을 놓고 보면 아무리 친절하고 사이 없는 부자·형제·부부 사이에도 반드시 불평과 원망이 생기는 것이며, 대수롭지 않은 경계와 하찮은 물건에도 흔히 구속과 피해를 당하나니, 그것은 처지가 무간하고 경계가 가볍다 하여 마음 가운데 공경과 두려움을 놓아 버리고 함부로 행하는 연고라, 가령 어떤 사람이 어느 가게에서 성냥 한 갑을 훔치다가 주인에게 발각되었다면 그 주인이 하찮은 성냥 한 갑이라 하여 그 사람을 그저 돌려 보내겠는가. 극히 후한 사람이라야 꾸짖음에 그칠 것이요, 그렇지 아니하면 모욕을 가할 수도 있을 것이니, 이것은 곧 그 성냥 한 갑이 들어서 그 사람을 꾸짖고 모욕한 것이며, 다시 생각하면 성냥을 취하려는 욕심이 들어서 제가 저를 무시하고 욕보인 것이요, 그 욕심은 성냥 한 갑에 대한 경외심을 놓은 데서 난 것이니, 사람이 만일 경외심을 놓고 보면 그 감각 없고 하찮은 성냥 한 갑도 그만한 권위를 나타내거든, 하물며 그 이상의 물질이며 더구나 만능의 힘을 가진 사람이리요.

그러므로, 우리는 항상 공경하고 두려워하자 함이니, 우리가 무엇이나 공경하고 두려워하는 마음을 가지고 의義로써 살아간다면 위로 창창한 하늘을 우러러보나, 아래로 광막한 대지를 굽어보나, 온 우주에 건설되어 있는 모든 물건은 다 나의 이용 물이요, 이 세상에 시행되는 모든 법은 다 나의 보호 기관이지마는, 만일 공경과 두려움을 놓아 버리고 함부로 동한다면 우주 안의 모든 물건은 도리어 나를 상해하려는 도구요, 이 세상 모든 법은 도리어 나를 구속하려는 포승이니, 어찌 두렵지 아니하리요. 그러므로, 그대들에게 이

르노니, 물결 거센 이 세간에 나타난 그대들로서 **마음을 잘 지키고 몸을 잘 두호하려거든 마땅히 이 표어를 마음에 깊이 새겨 두고 매사를 그대로 진행하라."**

『대종경』 인도품 33장

경외심을 놓지 말라
한지수묵담채, 45×68

48. 처세에는 유한 것이

대종사 신년을 당하여 말씀하시기를 "내가 오늘 여러 사람에게 세배歲拜를 받았으니 세속 사람들 같으면 음식이나 물건으로 답례를 하겠으나, 나는 돌아오는 난세를 무사히 살아갈 비결秘訣 하나를 일러 줄 터인즉 보감을 삼으라."하시고
선현先賢의 시 한 편을 써 주시니 곧 "**처세에는 유한 것이 제일 귀하고**(處世柔爲貴) **강강함은 재앙의 근본이니라**(剛强是禍基) **말하기는 어눌한 듯 조심히 하고**(發言常欲訥) **일 당하면 바보인 듯 삼가 행하라**(臨事當如痴) **급할수록 그 마음을 더욱 늦추고**(急地尙思緩) **편안할 때 위태할 것 잊지 말아라**(安時不忘危) 일생을 이 글대로 살아 간다면(一生從此計) 그 사람이 참으로 대장부니라(眞個好男兒)" 한 글이요, 그 글 끝에 한 귀를 더 쓰시니 "이대로 행하는 이는 늘 안락하리라(右知而行之者常安樂)" 하시니라.

『대종경』 인도품 34장

처세에는 유한 것이
한지수묵담채, 45×68

처세에는 유한 것이 제일 귀하고 강강함은 재앙의 근본이니라
말하기는 어눌한 듯 조심히 하고 일 당하면 바보인 듯 삼가
행하라 급할수록 그 마음을 더욱 늦추고 평안할 때
위태할 것 잊지 말아라

원도

49. 어리석은 사람은

대종사 무슨 일로 김남천을 꾸짖으시고, 문정규에게 말씀하시기를 "내가 남천을 꾸짖는 것이 남천에게만 한한 것이 아닌데 정규는 어떻게 생각하는가. 내가 어떤 사람을 꾸짖든지 정규는 먼저 정규의 행실을 살펴 보아서 그러한 일이 있으면 고칠 것이요 없으면 명심하였다가 후일에도 범하지 않기로 할 것이며, 결코 책망당하는 그 사람을 흉보거나 비웃지 말라.
어리석은 사람은 남의 허물만 밝히므로 제 앞이 늘 어둡고, 지혜 있는 사람은 자기의 허물을 살피므로 남의 시비를 볼 여가가 없나니라."

『대종경』 인도품 36장

어리석은 사람은
한지수묵담채, 45×68

어리석은사람은남의허물만밝히므로제앞이늘어둡고지혜있은사람은자기의허물
만살피므로남의시비를볼여가가없나니라
인도품삼십육장
원도

50. 우주의 진리는

대종사 말씀하시기를 **"우주의 진리는 원래 생멸이 없이 길이길이 돌고 도는지라, 가는 것이 곧 오는 것이 되고 오는 것이 곧 가는 것이 되며, 주는 사람이 곧 받는 사람이 되고 받는 사람이 곧 주는 사람이 되나니, 이것이 만고에 변함 없는 상도常道니라."**

『대종경』 인과품 1장

우주의 진리는
한지수묵담채, 45×68

우주의 진리는 원래 생멸이 없이 길이 길이 돌고 도는 지라 가는 것이 곧 오는 것이 되고 오는
것이 곧 가는 것이 되며 주는 사람이 곧 받는 사람이 되고 받는 사람이 곧 주는 사람이 되나니 이것이
만고에 변함 없는 常道 니라
元道

51. 생멸 없는 진리와

대종사 말씀하시기를 "모든 사람에게 천만 가지 경전을 다 가르쳐 주고 천만 가지 선善을 다 장려하는 것이 급한 일이 아니라, 먼저 **생멸 없는 진리와 인과 보응의 진리를 믿고 깨닫게 하여 주는 것이 가장 급한 일이 되나니라.**"

『대종경』 인과품 16장

생멸 없는 진리와
한지수묵담채, 45×68

생멸없는 진리와 인과보응의 진리를
믿고 깨닫게 하여 주는 것이 가장 급한 일
이 되나니라
원도

52. 복이 클수록

대종사 말씀하시기를 "**복이 클수록 지닐 사람이 지녀야 오래 가나니**, 만일 지니지 못할 사람이 가지고 보면 그것을 엎질러 버리든지 또는 그로 인하여 재앙을 불러 들이게 되나니라.
그러므로, 지혜 있는 사람은 복을 지을 줄도 알고, 지킬 줄도 알며, 쓸 줄도 알아서, 아무리 큰 복이라도 그 복을 영원히 지니나니라."

『대종경』 인과품 19장

복福이 클수록
한지수묵담채, 45×68

福이 클수록 지닐 사람이 지녀야
그 福이 오래 가나니라
원도

53. 자기가 자기의 조물주

전주의 교도 한 사람이 천주교인과 서로 만나 담화하는 중 천주교인이 묻기를 "귀하는 조물주를 아는가." 하는데 그가 능히 대답하지 못하였더니, 그 사람이

"우리 천주께서는 전지 전능하시니 이가 곧 조물주라."고 말하는지라, 후일에 대종사께서 그 교도의 보고를 들으시고 웃으시며 말씀하시기를 "그대가 그 사람에게 다시 가서, 귀하가 천주를 조물주라 하니 귀하는 천주를 보았느냐고 물어보라. 그리하여, 보지 못하였다고 하거든 그러면 알지 못하는 것과 같지 않느냐고 말한 후에, 내가 다시 생각하여 보니 조물주가 다른 데 있는 것이 아니라 **귀하의 조물주는 곧 귀하요, 나의 조물주는 곧 나며, 일체생령이 다 각각 자기가 자기의 조물주인 것을 알았노라 하라.**

이것이 가장 적절한 말이니 그 사람이 만일 이 뜻에 깨달음이 있다면 바로 큰 복음이 되리라."

『대종경』 변의품 9장

자기가 자기의 조물주
한지수묵담채, 45×68

자기가 자기의 조물주이니라
원도

54. 하늘이나 땅이나

한 제자 여쭙기를 "과거 부처님 말씀에 천상에 삼십 삼천이 있다 하오니 그 하늘이 저 허공계에 층층으로 나열되어 있나이까."

대종사 말씀하시기를 "천상 세계는 곧 공부의 정도를 구분하여 놓은 것에 불과하나니 **하늘이나 땅이나 실력 갖춘 공부인 있는 곳이 곧 천상이니라.**"

또 여쭙기를 "그 가운데 차차 천상에 올라갈수록 천인天人의 키가 커진다는 말씀과 의복 무게가 가벼워진다는 말씀이 있사온데 무슨 뜻이오니까."

대종사 말씀하시기를 "키가 커진다는 것은 도력이 향상될수록 정신 기운이 커 오르는 현상을 이른 것이요, 의복 무게가 가벼워진다는 것은 도력이 향상될수록 탁한 기운이 가라앉고 정신이 가벼워지는 현상을 이른 것이니라.

그러나, 설사 삼십 삼천의 구경에 이른 천인이라도 대원 정각을 하지 못한 사람은 복이 다하면 타락하게 되나니라."

『대종경』 변의품 11장

하늘이나 땅이나
한지수묵담채, 45×68

하늘이나 땅이나 실력 갖출 공부인 있는 곳이
곧 천상이니라

원도

55. 사원의 탑 육신의 탑

한 제자 여쭙기를 "사원의 탑을 많이 돌면 죽은 후에 왕생 극락을 한다 하와 신자들이 탑을 돌며 예배하는 일이 많사오니 사실로 그러하오니까."
대종사 말씀하시기를 "그는 우리 육신이 돌로 만든 탑만 돌라는 말씀이 아니라, **지·수·화·풍으로 모인 자기 육신의 탑을 자기의 마음이 항상 돌아서 살피면 극락**을 수용할 수 있다는 뜻이니 몸이 돌로 만든 탑만 돌고 육신의 탑을 마음이 돌 줄을 모른다면 어찌 그 참 뜻을 알았다 하리요."

『대종경』 변의품 17장

사원의 탑 육신의 탑
한지수묵담채, 45×68

사월의 塔 육신의 탑을 자기 마음이 돌아야
왕생극락
元道
心 佛
佛
佛性

56. 청풍월상시 만상자연명

대종사 대각을 이루시고 그 심경을 시로써 읊으시되 **"청풍월상시**清風月上時**에 만상자연명**萬像自然明**이라."** 하시니라. 『대종경』 성리품 1장

청풍월상시 만상자연명
한지수묵담채, 45×68

57. 지선至善

대종사 말씀하시기를 "선과 악을 초월한 자리를 지선至善이라 이르고, 고와 낙을 초월한 자리를 극락이라 이르나니라." 『대종경』 성리품 3장

지선至善
한지수묵담채, 45×68

58. 만법귀일

대종사 봉래 정사에 계시더니 때마침 큰 비가 와서 층암 절벽 위에서 떨어지는 폭포와 사방 산골에서 흐르는 물이 줄기차게 내리는지라, 한참 동안 그 광경을 보고 계시다가 이윽고 말씀하시기를

"저 여러 골짜기에서 흐르는 물이 지금은 그 갈래가 비록 다르나 마침내 한 곳으로 모아지리니 만법귀일萬法歸一의 소식도 또한 이와 같나니라."

『대종경』 성리품 10장

만법귀일萬法歸一
한지수묵담채, 45×68

萬法歸一
元道

59. 변산구곡로 석립청수성

대종사 봉래 정사에서 제자들에게 글 한 수를 써 주시되 "변산구곡로邊山九曲路에 석립청수성石立聽水聲이라 무무역무무無無亦無無요 비비역비비非非亦非非라." 하시고 "이 뜻을 알면 곧 도를 깨닫는 사람이라." 하시니라.

『대종경』 성리품 11장

변산구곡로邊山九曲路 석립청수성石立聽水聲
한지수묵담채, 45×68

自邃山九曲路 石上聽水聲
元道

60. 나의 눈을 치는 것은

대종사 봉래 정사에서 모든 제자에게 말씀하시기를 "옛날 어느 학인學人이 그 스승에게 도를 물었더니 스승이 말하되 '너에게 가르쳐 주어도 도에는 어긋나고 가르쳐 주지 아니하여도 도에는 어긋나나니, 그 어찌하여야 좋을꼬' 하였다 하니, 그대들은 그 뜻을 알겠는가."

좌중이 묵묵하여 답이 없거늘 때마침 겨울이라 흰 눈이 뜰에 가득한데 대종사 나가시사 친히 도량道場의 눈을 치시니 한 제자 급히 나가 눈가래를 잡으며 대종사께 방으로 들어가시기를 청하매,

대종사 말씀하시기를 **"나의 지금 눈을 치는 것은 눈만 치기 위함이 아니라 그대들에게 현묘한 자리를 가르침이었노라."**

『대종경』 성리품 13장

나의 눈을 치는 것은
한지수묵담채, 45×68

나의 지금 눈을 치는 것은
눈만 치기 위함이 아니라
철묘한 자리를 가르침
이었노라 성라품 십삼장
眞空妙有
元道

61. 벽에 걸린 저 달마를

대종사 봉래 정사에서 문정규에게 물으시기를 **"벽에 걸린 저 달마 대사의 영상을 능히 걸릴 수 있겠는가."** 정규 사뢰기를 "능히 걸리겠나이다."
대종사 말씀하시기를 "그러면 한 번 걸려 보라." 정규 곧 일어나 몸소 걸어 가거늘
대종사 말씀하시기를 "그것은 정규가 걷는 것이니, 어찌 달마의 화상을 걸렸다 하겠는가." 정규 말하기를 **"동천에서 오는 기러기 남천으로 갑니다."** 하니라.

『대종경』 성리품 14장

벽에 걸린 저 달마를
한지수묵담채, 45×68

大悟達摩大師
벽에걸린저달마대사의영상으로능히걸릴수
있겠는가동천에서온기러기
南天으로갑니다
元道

62. 저들이 다 우리 집 부처니라

대종사 조실에 계시더니, 때마침 시찰단 일행이 와서 인사하고 여쭙기를 "귀교의 부처님은 어디에 봉안하였나이까."

대종사 말씀하시기를 "우리 집 부처님은 방금 밖에 나가 있으니 보시려거든 잠간 기다리라." 일행이 말씀의 뜻을 알지 못하여 의아하게 여기더니, 조금 후 점심 때가 되매 산업부원 일동이 농구를 메고 들에서 돌아오거늘 대종사 그들을 가리키시며 말씀하시기를 **"저들이 다 우리 집 부처니라."** 그 사람들이 더욱 그 뜻을 알지 못하니라.

『대종경』 성리품 29장

저들이 다 우리 집 부처니라
한지수묵담채, 45×68

家家佛像
저들이 다 우리집 부처니라
성리품 이십구장 元道

63. 부처님의 대자대비

대종사 말씀하시기를 **"부처님의 대자대비大慈大悲는 저 태양보다 다습고 밝은 힘이 있나니, 그러므로 이 자비가 미치는 곳에는 중생의 어리석은 마음이 녹아서 지혜로운 마음으로 변하며, 잔인한 마음이 녹아서 자비로운 마음으로 변하며, 인색하고 탐내는 마음이 녹아서 혜시하는 마음으로 변하며, 사상四相의 차별심이 녹아서 원만한 마음으로 변하여, 그 위력과 광명이 무엇으로 가히 비유할 수 없나니라."**

『대종경』 불지품 2장

부처님의 대자대비
한지수묵담채, 45×68

부처님의 대자대비는 저 태양보다 다습고
밝은 힘이 있나니 그러므로 이 자비가 미치는 곳에
는 중생의 어리석은 마음이 녹아서 지혜로운
마음으로 변하여 인색하고 탐내는 마음이
녹아서 혜시하는 마음으로 변하며 四相의
차별심이 녹아서 원만한 마음으로 변하여
그 위력과 광명이 무엇으로 가히 비유할 수
없나니라 불지품 일장 복다원

64. 진묵 대사는 술 경계에

한 제자 여쭙기를 “진묵震默 대사도 주색에 끌린바가 있는 듯하오니 그러하오니까.”

대종사 말씀하시기를 “내 들으니 진묵 대사가 술을 좋아하시되 하루는 술을 마신다는 것이 간수를 한 그릇 마시고도 아무 일이 없었다 하며, 또 한 번은 감나무 아래에 계시는데 한 여자가 사심을 품고 와서 놀기를 청하는지라 그 원을 들어 주려 하시다가 홍시가 떨어지매 무심히 그것을 주우러 가시므로 여자가 무색하여 스스로 물러 갔다는 말이 있나니,

어찌 그 마음에 술이 있었으며 여색이 있었겠는가. 그런 어른은 **술 경계에 술이 없었고 색 경계에 색이 없으신 여래如來시니라.”** 『대종경』 불지품 7장

진묵 대사는 술 경계에
한지수묵담채, 50×35

65. 우주의 진리를 잡아

대종사 말씀하시기를 **"우주의 진리를 잡아 인간의 육근 동작에 둘러씌워 활용하는 사람이 곧 천인이요 성인이요 부처니라."** 『대종경』 불지품 12장

우주의 진리를 잡아
한지수묵담채, 45×68

66. 봉서사 가는 길

대종사 동선 해제를 마치시고 제자 몇 사람으로 더불어 걸어서 봉서사鳳棲寺에 가시더니, 도중에 한 제자가 탄식하여 말하기를 "우리는 돈이 없어서 대종사를 도보로 모시게 되었으니 어찌 한스럽지 아니하리요." 하는지라,

대종사 들으시고 말씀하시기를 "사람이 누구나 이 세상에 출신하여 자기의 육근을 잘 이용하면 그에 따라 모든 법이 화하게 되며, 돈도 그 가운데서 벌어지나니, 그러므로 각자의 심신은 곧 돈을 버는 기관이요, 이 세상 모든 것은 곧 이용하기에 따라 다 돈이 될 수 있는 것이니 어찌 돈이 없다고 한탄만 하리요.

그러나, 우리 수도인에 있어서는 돈에 마음을 끌리지 아니하고 돈이 있으면 있는 대로 없으면 없는 대로 안심하면서 그 생활을 개척하여 나가는 것이 그 본분이며 그 사람이 참으로 부유한 사람이니라."

『대종경』 불지품 18장

봉서사 가는 길
한지수묵담채, 45×68

봉서사 가는길 복타원

67. 우주의 본가

대종사 하루는 조송광과 전음광을 데리시고 교외 남중리에 산책하시는데 길가의 큰 소나무 몇 주가 심히 아름다운지라 송광이 말하기를 "참으로 아름다와라, 이 솔이여! 우리 교당으로 옮기었으면 좋겠도다." 하거늘

대종사 들으시고 말씀하시기를 "그대는 어찌 좁은 생각과 작은 자리를 뛰어나지 못하였는가. 교당이 이 노송을 떠나지 아니하고 이 노송이 교당을 떠나지 아니하여 노송과 교당이 모두 우리 울안에 있거늘 기어이 옮겨놓고 보아야만 할 것이 무엇이리요.

그것은 그대가 아직 차별과 간격을 초월하여 큰 우주의 본가를 발견하지 못한 연고니라." 송광이 여쭙기를 "큰 우주의 본가는 어떠한 곳이오니까."

대종사 말씀하시기를 "그대가 지금 보아도 알지 못하므로 내 이제 그 형상을 가정하여 보이리라." 하시고, 땅에 일원상을 그려 보이시며 말씀하시기를 "이것이 곧 큰 우주의 본가이니 이 가운데에는 무궁한 묘리와 무궁한 보물과 무궁한 조화가 하나도 빠짐 없이 갖추어 있나니라." 음광이 여쭙기를 "어찌하면 그 집에 찾아 들어 그 집의 주인이 되겠나이까."

대종사 말씀하시기를 "삼대력의 열쇠를 얻어야 들어갈 것이요, 그 열쇠는 신·분·의·성으로써 조성하나니라."

『대종경』 불지품 20장

우주의 본가
한지수묵담채, 45×68

우주의 본가
원도

68. 불보살들은

대종사 말씀하시기를 **"불보살들은 이 천지를 편안히 살고 가는 안주처를 삼기도 하고, 일을 하고 가는 사업장을 삼기도 하며, 유유 자재하게 놀고 가는 유희장을 삼기도 하나니라."**

『대종경』 불지품 23장

불보살들은
한지수묵담채, 45×68

불보살들은 이 천지를 안주처 사업장
유희장을 삼기도 하나니라 원도

69. 성품이라 하는 것은

대종사 천도를 위한 법문으로 '열반 전후에 후생 길 인도하는 법설'을 내리시니 이러하니라.

"아무야 정신을 차려 나의 말을 잘 들으라. 이 세상에서 네가 선악간 받은 바 그것이 지나간 세상에 지은 바 그것이요, 이 세상에서 지은 바 그것이 미래 세상에 또 다시 받게 될 바 그것이니, 이것이 곧 대자연의 천업이라, 부처와 조사는 자성의 본래를 각득하여 마음의 자유를 얻었으므로 이 천업을 돌파하고 육도와 사생을 자기 마음대로 수용하나, 범부와 중생은 자성의 본래와 마음의 자유를 얻지 못한 관계로 이 천업에 끌려 무량 고를 받게 되므로, 부처와 조사며 범부와 중생이며 귀천과 화복이며 명지장단命之長短을 다 네가 짓고 짓나니라.

아무야 일체 만사를 다 네가 짓는 줄로 이제 확연히 아느냐. 아무야 또 들으라. 생사의 이치는 부처님이나 네나 일체 중생이나 다 같은 것이며, 성품 자리도 또한 다 같은 본연 청정한 성품이며 원만 구족한 성품이니라. **성품이라 하는 것은 허공에 달과 같이 참 달은 허공에 홀로 있건마는 그 그림자 달은 일천강에 비치는 것과 같이, 이 우주와 만물도 또한 그 근본은 본연 청정한 성품 자리로 한 이름도 없고, 한 형상도 없고, 가고 오는 것도 없고, 죽고 나는 것도 없고, 부처와 중생도 없고, 허무와 적멸도 없고, 없다 하는 말도 또한 없는 것이며, 유도 아니요 무도 아닌 그것이나, 그 중에서 그 있는 것이 무위이화無爲而化 자동적으로 생겨나, 우주는 성·주·괴·공으로 변화하고, 만물은 생·로·병·사를 따라 육도와 사생으로 변화하고, 일월은 왕래하여 주야를 변화시키는 것과 같이 너의 육신 나고 죽는 것도 또한 변화는 될지언정 생사는 아니니라. 아무야 듣고 듣느냐, 이제 이 성품자리를 확연히 깨달아 알았느냐.**

또 들으라. 이제 네가 이 육신을 버리고 새 육신을 받을 때에는 너의 평소 짓던 바에 즐겨하여 애착이 많이 있는 데로 좇아 그 육신을 받게 되나니, 그 즐겨하는 바가 불보살 세계가 승勝하면 불보살 세계에서 그 육신을 받

아 무량한 낙을 얻게 될 것이요, 또한 그 반대로 탐·진·치가 승하고 보면 그 곳에서 그 육신을 받아 무량겁無量劫을 통하여 놓고 무수한 고를 얻을 것이니라. 듣고 듣느냐. 아무야 또 들으라. 네가 이 때를 당하여 더욱 마음을 견고히 하라.

만일 호리라도 애착 탐착을 여의지 못하고 보면 자연히 악도에 떨어져 가나니, 한 번 이 악도에 떨어져 가고 보면 어느 세월에 또 다시 사람의 몸을 받아 성현의 회상을 찾아 대업大業을 성취하고 무량한 혜복을 얻으리요. 아무야 듣고 들었느냐."

『대종경』 천도품 5장

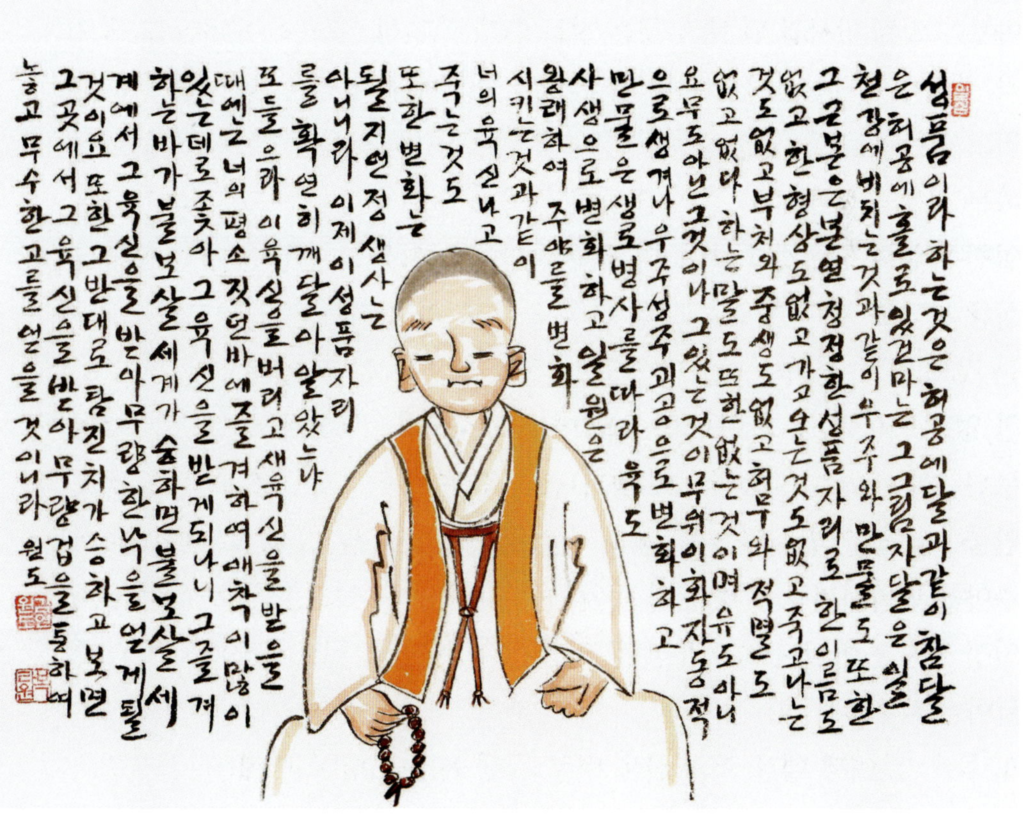

성품이라 하는 것은
한지수묵담채, 50×35

70. 영원한 나의 소유는

대종사 말씀하시기를 "사람이 평생에 비록 많은 전곡을 벌어 놓았다 하더라도 죽을 때에는 하나도 가져 가지 못하나니, 하나도 가져가지 못하는 것을 어찌 영원한 내 것이라 하리요.
영원히 나의 소유를 만들기로 하면, 생전에 어느 방면으로든지 남을 위하여 노력과 보시를 많이 하되 상相에 주함이 없는 보시로써 무루無漏의 복덕을 쌓아야 할 것이요,
참으로 **영원한 나의 소유는 정법에 대한 서원과 그것을 수행한 마음의 힘**이니, 서원과 마음 공부에 끊임 없는 공을 쌓아야 한 없는 세상에 혜복의 주인공이 되나니라."

『대종경』 천도품 17장

영원한 나의 소유는
한지수묵담채, 45×68

영원한 나의 소유는
정법에 대한 서원과
마음의 힘 원도

71. 파리가 천리마의

서대원이 여쭙기를 "천도를 받는 영으로서 천도 법문을 그대로 알아들을 수 있나니이까."

대종사 말씀하시기를 "혹 듣는 영도 있고 못 듣는 영도 있으나 영가靈駕가 그 말을 그대로 알아 들어서 깨침을 얻는 것보다 **그 들이는 공력이 저 영혼에 쏟히어서 알지 못하는 가운데 천도의 인因이 되나니라.**

그리하여 마치 **파리가 제 힘으로는 천리를 갈 수 없으나 천리마의 몸에 붙으면 부지중에 천리를 갈 수도 있듯이** 그 인연으로 차차 법연을 찾아오게 되나니라."

『대종경』 천도품 31장

파리가 천리마의
한지수묵담채, 35×50

파리가 천리마 몸에 붙으
면 부지중 천리를 갈 수
있듯이 그들이는 공력이 저러공에
쓸히어서 알지 못하는 가운데 천도의 인이 되
나니라

72. 스승이 제자를 만남에

대종사 말씀하시기를 "**스승이 제자를 만나매 먼저 그의 신성을 보나니** 공부인이 독실한 신심이 있으면 그 법이 건네고 공을 이룰 것이요, 신심이 없으면 그 법이 건네지 못하고 공을 이루지 못하나니라.
그런즉, 무엇을 일러 신심이라 하는가.
첫째는 스승을 의심하지 않는 것이니, 비록 천만 사람이 천만 가지로 그 스승을 비방할지라도 거기에 믿음이 흔들리지 아니하며 혹 직접 보는 바에 무슨 의혹되는 점이 있을지라도 거기에 사량심思量心을 두지 않는 것이 신이요,
둘째는 스승의 모든 지도에 오직 순종할 따름이요 자기의 주견과 고집을 세우지 않는 것이 신이요,
셋째는 스승이 혹 과도한 엄교嚴敎 중책重責을 하며 혹 대중의 앞에 허물을 드러내며 혹 힘에 과한 고역을 시키는 등 어떠한 방법으로 대하더라도 다 달게 받고 조금도 불평이 없는 것이 신이요,
넷째는 스승의 앞에서는 자기의 허물을 도무지 숨기거나 속이지 아니하고 사실로 직고하는 것이 신이니, 이 네 가지가 구비하면 특별한 신심이라, 능히 불조佛祖의 법기法器를 이루게 되리라."

『대종경』 신성품 1장

스승이 제자를 만남에
한지수묵담채, 45×68

스승이 제자를 만나매 먼저 그의 신성을
보나니라
원도

73. 신분의성만 지극하면

한 제자 여쭙기를 "저는 본래 재질이 둔하온데 겸하여 공부하온 시일이 아직 짧사와 성취의 기한이 아득한 것 같사오니 어찌 하오리까."
대종사 말씀하시기를 "도가의 공부는 원래 재질의 유무나 시일의 장단에 큰 관계가 있는 것이 아니라 오직 신信과 분忿과 의疑와 성誠으로 정진精進하고 못 하는 데에 큰 관계가 있나니, 누구나 **신·분·의·성만 지극하면 공부의 성취는 날을 기약하고 가히 얻을 수 있나니라.**"

『대종경』 신성품 3장

신분의성만 지극하면
한지수묵담채, 45×68

신봉의 성만 지극하면 공부의 성취는 날을 기약하고
가히 얻을 수 있나니라
원도

74. 봄바람은 사가 없이

대종사 말씀하시기를 "**봄바람은 사私가 없이 평등하게 불어 주지마는 산 나무라야 그 기운을 받아 자라고,** 성현들은 사가 없이 평등하게 법을 설하여 주지마는 신 있는 사람이라야 그 법을 오롯이 받아 갈 수 있나니라."

『대종경』 신성품 11장

봄바람은 사私가 없이
한지수묵담채, 45×68

봄바람은 私가 없이 평등하게 불어주지마는
산나무라야 그 기운을 받아 자란다
원도

75. 마음공부는 모든 공부의

대종사 말씀하시기를 "모든 학술을 공부하되 쓰는 데에 들어가서는 끊임이 있으나, 마음 작용하는 공부를 하여 놓으면 일분 일각도 끊임이 없이 활용되나니, 그러므로 **마음 공부는 모든 공부의 근본이 되나니라.**"

『대종경』 요훈품 1장

마음공부는 모든 공부의
한지수묵담채, 45×68

마음공부는 모든공부의 근본이
되나니라
원도

76. 마음은 모든 선악의

대종사 말씀하시기를 “한 마음이 선하면 모든 선이 이에 따라 일어나고, 한 마음이 악하면 모든 악이 이에 따라 일어나나니, 그러므로 **마음은 모든 선악의 근본**이 되나니라.”

『대종경』 요훈품 3장

마음은 모든 선악의
한지수묵담채, 45×68

마음은 모든 선악의 근본
원도

77. 희망이 끊어진 사람은

대종사 말씀하시기를 "**희망이 끊어진 사람은 육신은 살아 있으나 마음은 죽은 사람이니,** 살·도·음殺盜淫을 행한 악인이라도 마음만 한 번 돌리면 불보살이 될 수도 있지마는, 희망이 끊어진 사람은 그 마음이 살아나기 전에는 어찌할 능력이 없나니라.
그러므로, 불보살들은 모든 중생에게 큰 희망을 열어 주실 원력願力을 세우시고, 세세 생생 끊임 없이 노력하시나니라."

『대종경』 요훈품 12장

희망이 끊어진 사람은
한지수묵담채, 45×68

희망이 끊어진 사람
은 육신은 살아있
으나 마음은 죽은
사람이니 원도

78. 마음에 욕심을 떼고

대종사 말씀하시기를 "여의 보주如意寶珠가 따로 없나니, **마음에 욕심을 떼고, 하고 싶은 것과 하기 싫은 것에 자유 자재하고 보면 그것이 곧 여의 보주니라.**"

『대종경』 요훈품 13장

마음에 욕심을 떼고
한지수묵담채, 45×68

마음에 욕심을 떼고 하고싶은것과
하기싫은것에 자유자재하는것이
여의보주니라
원도

79. 자기를 능히 이기는 사람은

대종사 말씀하시기를 "다른 사람을 이기는 것이 그 힘이 세다 하겠으나, 자기를 이기는 것은 그 힘이 더하다 하리니, **자기를 능히 이기는 사람은 천하 사람이라도 능히 이길 힘이 생기나니라.**"

『대종경』 요훈품 15장

자기를 능히 이기는 사람은
한지수묵담채, 45×68

자기를 능히 이기는 사람은 천하 사람이라도 능히 이길 힘이
생기나니라
원도

80. 상생의 마음이

대종사 말씀하시기를 "상극의 마음이 화禍를 불러들이는 근본이 되고, **상생의 마음이 복을 불러들이는 근본이 되나니라.**"

『대종경』 요훈품 31장

상생의 마음이
한지수묵담채, 50×35

81. 이용하는 법을 알면

대종사 말씀하시기를 **"이용하는 법을 알면 천하에는 버릴 것이 하나도 없나니라."**

『대종경』 요훈품 35장

이용하는 법을 알면
한지수묵담채, 45×68

82. 사람이 말 한 번 하고

대종사 말씀하시기를 **"사람이 말 한 번 하고 글 한 줄 써 가지고도 남에게 희망과 안정을 주기도 하고,** 낙망과 불안을 주기도 하나니,

그러므로 사람이 근본적으로 악해서만 죄를 짓는 것이 아니라, 죄 되고 복 되는 이치를 알지 못하여 자신도 모르는 가운데 죄를 짓는 수가 허다하나니라."

『대종경』 요훈품 36장

사람이 말 한 번 하고

한지수묵담채, 45×68

사람이 말한번하고 글한줄 써가지고도
남에게 희망과 안정을 주나니라
원도

83. 오래 평범을 지키면서

대종사 말씀하시기를 "대중 가운데 처하여 비록 특별한 선과 특별한 기술은 없다 할지라도 **오래 평범을 지키면서 꾸준한 공을 쌓는 사람은 특별한 인물이니, 그가 도리어 큰 성공을 보게 되리라.**"

『대종경』 요훈품 40장

오래 평범을 지키면서
한지수묵담채, 45×68

오래 평범을 지키면서
꾸준한 공을 쌓은 사
람은 특별한 인물이
나 큰 성공을 보게 되리라
원도

84. 법의 혜명

대종사 말씀하시기를 **"도가의 명맥命脈은 시설이나 재물에 있지 아니하고, 법의 혜명慧命을 받아 전하는 데에 있나니라."**

『대종경』 요훈품 41장

법法의 혜명慧命
한지수묵담채, 45×68

法의 慧命
도가의 명맥은 시설이나 재물에
있지 아니하고 法의 慧命을 받아
傳하는 데에 있나니라
요훈품 사십일장 원도

85. 참 자유는 방종을

대종사 말씀하시기를 "**참 자유는 방종放縱을 절제하는 데에서 오고, 큰 이익은 사욕을 버리는 데에서 오나니,** 그러므로 참 자유를 원하는 사람은 먼저 계율을 잘 지키고, 큰 이익을 구하는 사람은 먼저 공심公心을 양성하나니라."

『대종경』 요훈품 42장

참 자유는 방종放縱을
한지수묵담채, 45×68

참자유는 방종을 절제한 데에서 오고 큰 이익은
사욕을 버리는 데에서 오나니라
원도

86. 중생들은 불보살을

대종사 말씀하시기를 **"중생들은 불보살을 복전福田으로 삼고, 불보살들은 중생을 복전으로 삼나니라."**

『대종경』 요훈품 43장

중생들은 불보살을
한지수묵담채, 45×68

87. 마음에 한 생각의

대종사 말씀하시기를 **"그 마음에 한 생각의 사私가 없는 사람은 곧 시방 삼계를 소유하는 사람이니라."** 『대종경』 요훈품 45장

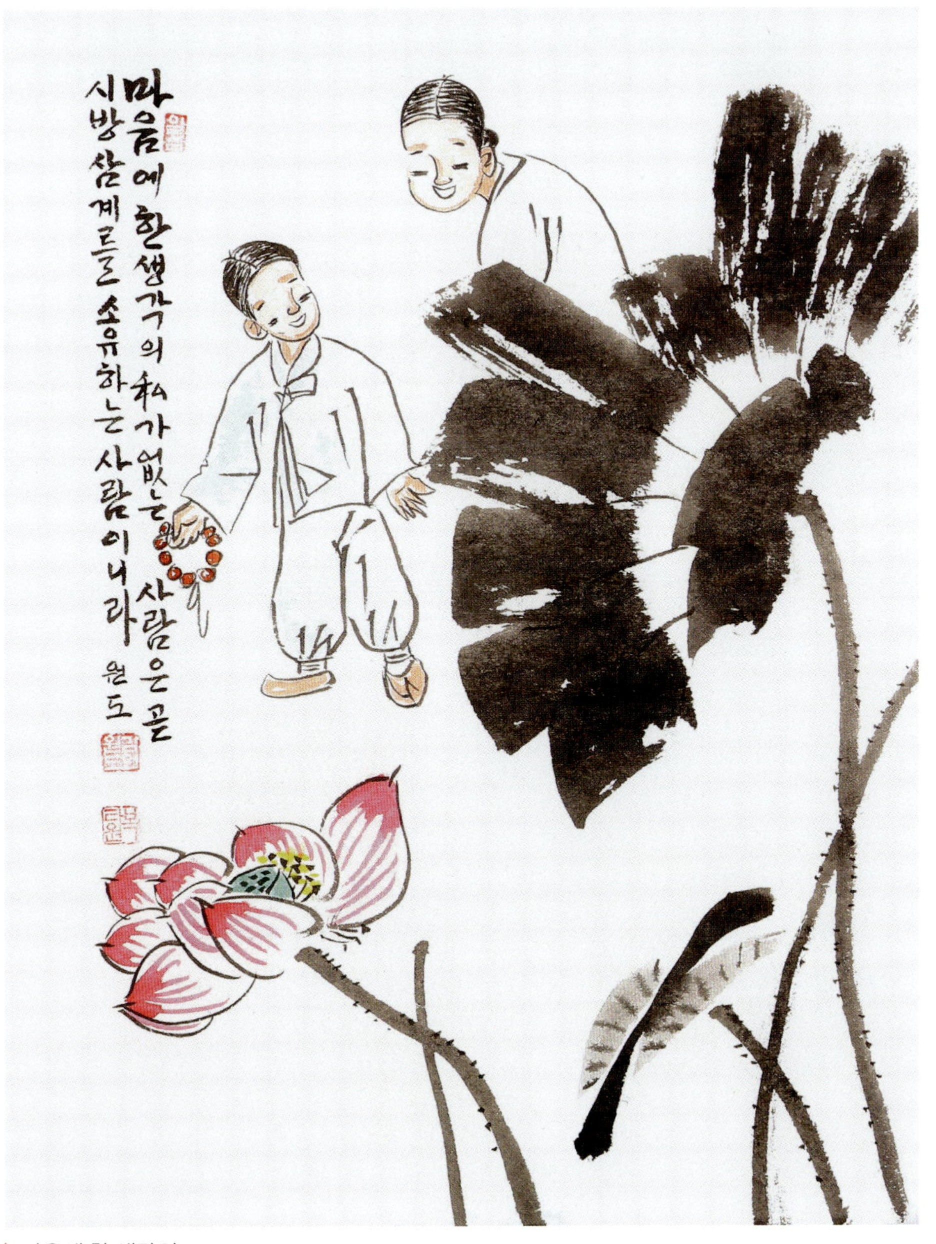

마음에 한 생각의
한지수묵담채, 35×50

88. 폭풍이 일어나

한 때에 대종사 법성法聖에서 배를 타시고 부안扶安 봉래 정사로 오시는 도중, 뜻밖에 **폭풍이 일어나 배가 크게 요동하매,** 뱃사람과 승객들이 모두 정신을 잃고, 혹은 우는 사람도 있고, 토하는 사람도 있으며, 거꾸러지는 사람도 있어서, 배 안이 크게 소란하거늘,
대종사 태연 정색하시고 말씀하시기를 "사람이 아무리 죽을 경우를 당할지라도 정신을 수습하여, 옛날 **지은 죄를 뉘우치고 앞 날의 선업을 맹세한다면, 천력天力을 빌어서 살 길이 열리기도 하나니,** 여러 사람들은 정신을 차리라." 하시니,
배에 탄 모든 사람이 다 그 위덕에 신뢰하여 마음을 겨우 진정하였던 바, 조금 후에 점점 바람이 자고 물결이 평온하여지거늘, 사람들이 모두 대종사의 그 태연 부동하신 태도와 자비 윤택하신 성체를 뵈옵고 흠앙함을 마지 아니하니라.

『대종경』 실시품 1장

폭풍이 일어나
한지수묵담채, 45×68

폭풍이 일어나 배가 크게 요동하매
지은 罪를 뉘우치고 선업을 맹세
한다면 天力을 빌어서 살길이
열리기도 하나니라
원도

89. 안 도산과 대종사의 만남

안 도산安島山이 찾아온지라, 대종사 친히 영접하사 민족을 위한 그의 수고를 위로하시니,
도산이 말하기를 "나의 일은 판국이 좁고 솜씨가 또한 충분하지 못하여, 민족에게 큰 이익은 주지 못하고 도리어 나로 인하여 관헌들의 압박을 받는 동지까지 적지 아니하온데,
선생께서는 그 일의 판국이 넓고 운용하시는 방편이 능란하시어, 안으로 동포 대중에게 공헌함은 많으시면서도, 직접으로 큰 구속과 압박은 받지 아니하시니 **선생의 역량은 참으로 장하옵니다.**" 하니라.

『대종경』 실시품 45장

안 도산과 대종사의 만남
한지수묵담채, 45×68

안도산과 대종사의 만남 선생의
역량은 참으로 장하옵니다
원도

90. 스승과 제자의 정의가

대종사 말씀하시기를 “**스승과 제자의 정의**情誼**가 부자**父子**같이 무간하여야 가르치고 배우는 데에 막힘이 없고,** 동지 사이의 정의가 형제 같이 친밀하여야 충고와 권장을 주저하지 아니하나니, 그러한 뒤에야 윤기倫氣가 바로 통하고 심법心法이 서로 건네어서 공부와 사업하는 데에 일단의 힘을 이루게 되나니라.”

『대종경』 교단품 1장

스승과 제자의 정의가
한지수묵담채, 45×68

스승과 제자의 정의가 父子같이 무간하여야
가르치고 배우는데에 막힘이 없나니라
원도

91. 영원히 좋은 인연이 되려면

대종사 서울에 행가하시니, 여러 제자들이 와 뵈옵고 서로 말하되 "우리 동문同門 형제는 인연이 지중하여 같은 지방 같은 시대에 태어나 한 부처님 문하에서 공부하게 되었으니 어찌 반갑지 아니하리요. 이는 실로 길이 갈리지 아니할 좋은 인연이라." 하거늘,

대종사 들으시고 말씀하시기를 "내가 그대들의 말을 들으니 한 편은 반갑고 한 편은 염려되노라. 반가운 것은 오늘날 그대들이 나의 앞에서 서로 화하고 즐겨함이요, 염려되는 것은 오늘날은 이와 같은 좋은 인연으로 서로 즐기나 이 좋은 가운데서 혹 낮은 인연이 되어질까 함이니라."

한 제자 여쭙기를 "이같이 좋은 가운데서 어찌 낮은 인연이 될 수 있사오리까."

대종사 말씀하시기를 "낮은 인연일수록 가까운 데서 생겨나나니 가령 부자 형제 사이나 부부 사이나 친우 사이 같은 가까운 사이에는 그 가까움으로써 혹 예禮를 차리지 아니하며 조심하는 생각을 두지 아니하여, 서로 생각해 준다는 것이 서로 원망을 주게 되고, 서로 가르쳐 준다는 것이 도리어 오해를 가지게 되어, 필경에는 아무 관계 없는 외부 사람만도 못하게 되는 수가 허다하니라."

한 제자 여쭙기를 "그러하오면 어떻게 하여야 가까운 사이에 낮은 일이 생기지 아니하고 **영원히 좋은 인연으로 지내겠나이까.**"

대종사 말씀하시기를 "남의 원 없는 일을 과도히 권하지 말며, 내가 스스로 높은 체하여 남을 이기려고만 하지 말며, 남의 시비를 알아서 나의 시비는 깨칠지언정 그 허물을 말하지 말며, 스승의 사랑을 자기만 받으려 하지 말며, 친해 갈수록 더욱 공경하여 모든 일에 예를 잃지 아니하면, 낮은 인연이 생기지 아니하고 길이 이 즐거움이 변하지 아니하리라."

『대종경』 교단품 3장

영원히 좋은 인연이 되려면
한지수묵담채, 45×68

영원히 좋은 인연이 되려면

원도

92. 우리들의 일이 마치

대종사 여러 제자에게 말씀하시기를 "**우리들의 일이 마치 저 기러기 떼의 일과 같으니,** 시절 인연을 따라 인연 있는 동지가 혹은 동에 혹은 서에 교화의 판을 벌이는 것이 저 기러기들이 철을 따라 떼를 지어 혹은 남에 혹은 북에 깃들일 곳을 벌이는 것과 같도다.

그러나, 기러기가 두목 기러기의 인솔하는 대열에서 벗어나든지 또는 따라가면서도 조심을 하지 못하고 보면 그물에 걸리거나 총알에 맞아 목숨을 상하기 쉽나니, 수도하고 교화하는 사람들에게 그물과 총알이 되는 것은 곧 재와 색의 경계니라."

『대종경』 교단품 19장

우리들의 일이 마치
한지수묵담채, 45×68

우리들의
일이
마치저기러
기떼의일과
같다 元道

93. 옹기장수 새벽 시장가는 길

대종사 영산에서 봉래 정사에 돌아오사 여러 제자에게 말씀하시기를 "내가 오는 길에 어느 장 구경을 하게 되었는데, 아침에 옹기장수는 옹기 한 짐을 지고 장에 오며, 또 어떤 사람은 지게만 지고 오더니, 그들이 돌아갈 때에는 옹기장수는 다 팔고 지게만 지고 가며, 지게만 지고 온 사람은 옹기를 사서 지고 가는데, 두 사람이 다 만족한 기색이 엿보이더라.

나는 그것을 보고 생각하기를 당초에 옹기장수가 지게만 지고 온 사람을 위하여 온 것이 아니었고, 지게만 지고 온 사람이 옹기장수를 위하여 온 것이 아니어서, 각기 다 자기의 구하는 바만 구하였건마는, 결국에는 두 사람이 다 한가지 기쁨을 얻었으니, 이것이 **서로 의지하고 바탕이 되는 이치로다 하였노라.**

또 어떤 사람은 가게 주인이 거만하다 하여 화를 내고 그대로 가니, 사람들이 말하기를 저 사람은 물품을 사러 장에 온 것이 아니라 대우 받으러 장에 온 것이라고 비웃었으며, 또 한 사람은 가게 주인이야 어떠하든지 자기가 살 물품만 실수 없이 사는지라 좌우 사람들이 모두 그를 옳게 여기며 실속 있는 사람이라고 칭찬하더라.

나는 이 일을 보고 들을 때에 문득 그대들의 교단 생활하는 일과 비교되어서, 혼자 웃기도 하고 탄식도 하였노니 그대들은 이 이야기에서 깊은 각성을 얻어 보라."

『대종경』 교단품 22장

옹기장수 새벽 시장가는 길
한지수묵담채, 35×50

서로 의지하고 바탕이 되는 옹기장수 새벽시장 가는 길
원도

94. 이소성대는 천리의 원칙

대종사 말씀하시기를 "**세상의 모든 사물이 작은 데로부터 커진 것 외에는 다른 도리가 없나니, 그러므로 이소성대以小成大는 천리天理의 원칙이니라.**
이 세상에 크게 드러난 모든 종교의 역사를 보더라도 처음 창립할 때에는 그 힘이 심히 미약하였으나 오랜 시일을 지내는 동안에 그 세력이 점차 확장되어 오늘날 큰 종교들이 되었으며 다른 모든 큰 사업들도 또한 작은 힘이 쌓이고 쌓인 결과 그렇게 커진 것에 불과하나니, 우리가 이 회상을 창립 발전시키는 데에도 이소성대의 정신으로 사심 없는 노력을 계속한다면 결국 무위이화無爲而化의 큰 성과를 보게 될 것이요,
또는 공부를 하는 데에도 급속한 마음을 두지 말고 스승의 지도에 복종하여 순서를 밟아 진행하고 보면 마침내 성공의 지경에 이를 것이나, 만일 그렇지 아니하고 어떠한 권도權道로 일시적 교세의 확장을 꾀한다든지 한 때의 편벽된 수행으로 짧은 시일에 큰 도력을 얻고자 한다면 이는 한갓 어리석은 욕심이요 역리逆理의 일이라, 아무리 애를 쓰되 헛되이 세월만 보내게 되리라.
그런즉, 그대들은 공부나 사업이나 기타 무슨 일이든지 허영심과 욕속심欲速心에 끌리지 말고 위에 말한 이소성대의 원칙에 따라 바라는 바 목적을 어김없이 성취하기 바라노라."

『대종경』 교단품 30장

이소성대以小成大는 천리天理의 원칙
한지수묵담채, 45×68

세상의 모든 사물이 작은데로부터 커진 것 외에는
다른 도리가 없나니 이소성대는 천리의 원칙
이니라 원도

95. 금강현세계 조선갱조선

대종사 금강산을 유람하고 돌아오시어 **"금강이 현세계(金剛現世界)하니 조선이 갱조선(朝鮮更朝鮮)이라"**는 글귀를 대중에게 일러 주시며 말씀하시기를 "금강산은 천하의 명산이라 머지않은 장래에 세계의 공원으로 지정되어 각국이 서로 찬란하게 장식할 날이 있을 것이며, 그런 뒤에는 세계 사람들이 서로 다투어 그 산의 주인을 찾을 것이니, 주인될 사람이 미리 준비해 놓은 것이 없으면 무엇으로 오는 손님을 대접하리요."

『대종경』 전망품 5장

금강현세계 조선갱조선
한지수묵담채, 45×68

金剛現世界朝鮮
東朝鮮
元道

96. 어변성룡

대종사 말씀하시기를 "조선은 개명開明이 되면서부터 생활 제도가 많이 개량되었고, 완고하던 지견도 많이 열리었으나, 아직도 미비한 점은 앞으로 더욱 발전을 보게 되려니와, 정신적 방면으로는 장차 세계 여러 나라 가운데 제일 가는 지도국이 될 것이니, 지금 이 나라는 점진적으로 **어변성룡**魚變成龍이 되어가고 있나니라."

『대종경』 전망품 23장

어변성룡魚變成龍
한지수묵담채, 45×68

魚變成龍
元道

97. 새 회상 만난 기쁨

대종사 설법하실 때에는 위덕威德이 삼천 대천 세계를 진압하고 일체 육도 사생이 한 자리에 즐기는 감명을 주시는지라, 이럴 때에는 박사시화·문정규·김남천 등이 백발을 휘날리며 춤을 추고, 전삼삼田參參·최도화·노덕송옥 등은 일어나 무수히 예배를 올려 장내의 공기를 진작하며, 무상의 법흥을 돋아 주니, 마치 시방 세계가 다 우쭐거리는 것 같거늘,

대종사 성안聖顔에 미소를 띠시며 말씀하시기를 "큰 회상이 열리려 하면 음부陰府에서 불보살들이 미리 회의를 열고 각각 책임을 가지고 나오는 법이니, 저 사람들은 춤추고 절하는 책임을 가지고 나온 보살들이 아닌가. 지금은 우리 몇몇 사람만이 이렇게 즐기나 장차에는 시방 삼계 육도 사생이 고루 함께 즐기게 되리라."

『대종경』 전망품 29장

새 회상 만난 기쁨
한지수묵담채, 45×68

새해산만난기쁨 천도

98. 예회를 보는 것은

계미(1943) 오월 십육일 예회에 대종사 대중에게 설법하시기를 "내가 방금 이 대각전으로 오는데, 여러 아이들이 길가 숲에서 놀다가 나를 보더니 한 아이가 군호를 하매 일제히 일어서서 경례를 하는 것이 퍽 질서가 있어 보이더라.

이것이 곧 그 아이들이 차차 철이 생겨나는 증거라, 사람이 아주 어린 때에는 가장 가까운 부모 형제의 내역과 촌수도 잘 모르고 그에 대한 도리는 더욱 모르고 지내다가 차차 철이 나면서 그 내역과 촌수와 도리를 알게 되는 것 같이 공부인들이 미한 때에는 불보살 되고 범부 중생되는 내역이나, 자기와 천지 만물의 관계나, 각자 자신 거래의 길도 모르고 지내다가 차차 공부가 익어 가면서 그 모든 내역과 관계와 도리를 알게 되나니, 그러므로 우리가 도를 알아 가는 것이 마치 철 없는 아이가 차차 어른 되어가는 것과 같다 하리라.

이와 같이, 아이가 커서 어른이 되고 범부가 깨쳐 부처가 되며, 제자가 배워 스승이 되는 것이니, 그대들도 어서어서 참다운 실력을 얻어 그대들 후진의 스승이 되며, 제생 의세의 큰 사업에 각기 큰 선도자들이 되라.

음부경陰符經에 이르기를 '생生은 사死의 근본이요, 사는 생의 근본이라' 하였나니, 생사라 하는 것은 마치 사시가 순환하는 것과도 같고, 주야가 반복되는 것과도 같아서, 이것이 곧 우주 만물을 운행하는 법칙이요 천지를 순환하게 하는 진리라, 불보살들은 그 거래에 매하지 아니하고 자유하시며, 범부 중생은 그 거래에 매하고 부자유한 것이 다를 뿐이요, 육신의 생사는 불보살이나 범부 중생이 다 같은 것이니, 그대들은 또한 사람만 믿지 말고 그 법을 믿으며, 각자 자신이 생사 거래에 매하지 아니하고 그에 자유할 실력을 얻기에 노력하라.

우리가 이와 같이 **예회를 보는 것은 마치 장꾼이 장을 보러 온 것과도 같나니,** 이왕 장을 보러 왔으면 내 물건을 팔기도 하고 남의 물건을 소용대로 사기도 하여 생활에 도움을 얻어야 장에 온 보람이 있으리라.

그런즉, 각자의 지견에 따라 유익될 말은 대중에게 알려도 주고 의심 나는 점은 제출하여 배워도 가며 남의 말을 들어다가 보감도 삼아서 **공왕공래**空往空來**가 없도록 각별히 주의하라.** 생사가 일이 크고 무상은 신속하니 가히 범연하지 못할 바이니라."

『대종경』 부촉품 14장

예회를 보는 것은
한지수묵담채, 45×68

99. 법통이 길이 끊기지 않게

대종사 말씀하시기를 "그대들이 나의 **법을 붓으로 쓰고 입으로 말하여 후세에 전하는 것도 중한 일이나, 몸으로 실행하고 마음으로 증득하여 만고 후세에 이 법통이 길이 끊기지 않게 하는 것은 더욱 중한 일이니,** 그러하면 그 공덕을 무엇으로 가히 헤아리지 못하리라."

『대종경』 부촉품 18장

법통이 길이 끊기지 않게
한지수묵담채, 45×68

법을 붓으로 쓰고 입으로 말하며 후세에
전하는 것도 중한 일이나 만고후세에 법등
이 길이 끊기지 않게 하는 것은 더욱 중한 일
이니라 부촉품 십팔장 월도

100. 삼위일체

대종사 말씀하시기를 **"스승이 법을 새로 내는 일이나, 제자들이 그 법을 받아서 후래 대중에게 전하는 일이나, 또 후래 대중이 그 법을 반가이 받들어 실행하는 일이 삼위일체**三位一體**되는 일이라, 그 공덕도 또한 다름이 없나니라."**

『대종경』 부촉품 19장

삼위일체
한지수묵담채, 45×68

三位一体 스승이 法을 새로 내는 일이나 그 法을 받아서
대중에게 전하는 일이나 그 法을 반가이 받들어 실행
하는 일이 삼위일체되는 일이라 공덕도 또한 다름이 없
나니라
부촉품 십구장
원도

대종사 십상

101. 하늘 보고 의심 내신 상[觀天起疑相]

대종사께서는 원기 전 25년(辛卯·1891) 5월 5일에 한국 전라남도 영광군 백수면 길룡리 영촌에서 농촌 평민의 가정에 태어나신바 어릴 때부터 큰 생각을 품으시고 자라시다가

7세부터는 하늘 이치를 비롯해서 모든 인간사에 미치기까지 의심이 나시어 사색에 전념하시기를 4년간이나 계속하셨으니 이것이 후일에 큰 도를 깨달으실 근본이 되셨다.

관천기의상
한지수묵담채, 45×68

하늘 보고 의심내는 상

觀天起疑相 一元道

102. 삼밭재에서 기원하신 상[蔘嶺祈願相]

11세 때 선산 묘소에 참석하신 후부터는 산신을 만나서 의심을 해결하리라는 희망으로 멀고도 험한 삼밭재 마당바위를 5년간이나 다니시며 일천 정성으로 기도를 계속하셨으니
이때 비록 산신은 만나지 못하였으나 이 지극한 원력이 뭉쳐져서 자연 마음 통일하는데 큰 도움이 되셨다.

삼령기원상
한지수묵담채, 45×68

삼밭재에서 기원하신 상
蔘嶺祈願相 元道

103. 스승 찾아 고행하신 상[求師苦行相]

16세 때 어느 소설에서 도사를 만나 성공한 이야기를 들으신 후부터는 그간의 모든 의심을 풀어주고 인생의 정로를 가르쳐줄 참 스승을 찾기 위하여 6년 동안 갖은 고행을 다하셨으나 때는 말세인지라 뜻을 이루지 못하셨다. 그러나 이때의 그 간절한 정성이 어리고 어리어서 후일에 스스로 스승이 되신 것이다.

구사고행상
한지수묵담채, 45×68

스승님 찾아 고행
하신 상 求师
苦行相
元道

104. 강변에서 입정하신 상[江邊入定相]

산신과 도사를 만나서 원을 이루려는 희망마저 잃게 되시자
22세부터는 내 이 일을 어찌할꼬 하는 큰 걱정만 날로 계속되면서 때로는 우연히 솟아오르는 주문도 외우시고 동상처럼 명상에 잠기기도 하시다가 24~5세부터는 그 걱정까지도 다 잊으시고 큰 정에 드신바 이것이 바로 대각의 열쇠가 되신 것이다.

강변입정상
한지수묵담채, 45×68

江邊入定相元道

105. 노루목에서 대각하신 상[獐項大覺相]

구원겁래에 세우신 큰 서원과 큰 적공으로 정에 들어 계시다가
26세 되시던 해[丙辰·1916] 4월 28일 새벽에 동쪽 하늘의 밝은 빛을 보시
고 문득 마음이 밝아지시며 그동안의 모든 의심이 다 풀리고
마침내는 우주의 대도와 인생의 정로를 밝게 깨치시니 이로부터 어두웠던
불일佛日이 거듭 밝혀졌으며 쉬어 있던 법륜法輪은 다시 굴려졌다.

장항대각상
한지수묵담채, 45×68

병진년에 대각하신상
원도

106. 영산 앞에 방언하신 상[靈山防堰相]

대각을 이루신 후에는 모든 동포들의 어두운 마음을 밝혀주기 위하여 회상을 열려 하심에 먼저 오는 세상에 맞추어서 영육쌍전과 이사병행의 표본을 보이시려고 저축조합을 설치하시는 한편

원기3년(1918) 4월부터는 구인 제자와 함께 방언공사를 시작하시어 이듬해 3월에 준공을 보시니 이것이 대도창업의 기초가 되었다.

영산방언상
한지수묵담채, 45×68

영산앞에 방언하신상

靈山防堰相 元道

107. 혈인으로 법인 받은 상[血印法認相]

원기4년(1919)에는 천하 사람을 대도에 회향케 하기 위하여 먼저 아홉 제자의 마음을 통일시켜서 공도정신을 살리시려고 기도 서원을 올리게 하신바 사없는 혈인으로써 대회상 창립의 법계 인가를 얻으셨으니 이 사무여한死無餘恨의 희생정신으로 전무출신의 산 표본을 삼게 하셨다.

혈인법인상
한지수묵담채, 45×68

혈인으로 법인받은 상
血印法認相
元道
死無餘恨

108. 봉래산에서 제법하신 상[蓬萊制法相]

원기5년(1920)부터 4년간 변산 봉래정사에서 수양을 하시는 한편
만법의 주종이 되는 일원종지를 드러내시어 공부의 요도인 삼학 팔조의 원만한 수행길과
인생의 요도인 사은 사요의 대윤리를 제정하심으로써 교리의 강령을 세우고 지나간 모든 교법을 통합 활용하게 하시었다.

봉래제법상
한지수묵담채, 45×68

봉래산에서 제법하신상
蓬萊制法相 元道

109. 신룡리에서 전법하신 상[新龍轉法相]

원기9년(甲子·1924)부터는 불법과 생활이 둘이 아닌
산 종교를 실현하기 위하여 총부를 익산에 정하시고
교화 교육 자선의 각 기관을 설치하여 사농공상 간 때와 곳을 가리지 않고
선을 하게 하시며
일체처一切處 일체불一切佛에게 불공을 함으로써 복혜를 아울러 갖추게 하사
종교를
대중의 것 실용의 것 시대의 것으로 살려 놓으셨다.

신용전법상
한지수묵담채, 45×68

신룡리에서 전법하신상
新龍轉法相 元道
佛教正典

110. 계미년에 열반하신 상[癸未涅槃相]

열반에 드시기 3년 전에는 게송을 발표하시고
정전正典을 친재편수親宰編修하시며 말씀하시기를
나의 교법은 원만구족하고 지공무사한 법신불을 종지로 하여 신앙과 수행을 병진하고 공부와 생활을 아울러 닦도록 하였으며
법을 전하는 데에도 재가출가 남녀대중에게 두루 전하였나니
제군은 이 법을 가져다 마음대로 활용하라 하시더니 원기28년(1943) 6월 1일 대원적에 드셨다.

계미열반상
한지수묵담채, 45×68

癸未涅槃相
元道

대종사 말씀하시기를 "한마음이 선하면 모든 선이 이에 따라 일어나고, 한 마음이 악하면 모든 악이 이에 따라 일어나나니, 그러므로 마음은 모든 선악의 근본이 되나니라." 『대종경』 요훈품 3장

지금은 퇴임하여 동산수도원에서 수도 정진하고 있다. 내가 있는 이곳이 극락이요 낙원이다. 이 모든 것이 소태산 대종사님 법을 먼저 알아보고 우리 가족을 일원 가족으로 이끌어주신 채타원 김세화행(1893.12.9-1977.8.29) 외조모님이 53세에 늦깎이 출가를 하신 은덕이다.

외조모님은 군산교당에서 발타원 정진숙 종사님과 18년간 순교로 근무하셨다. 73세에 중앙수양원에 오셔서 정양하다가 83세에 열반에 드셨다. 나는 외조모님 연원으로 군산교당에서 원기46년(1961)에 입교했다. 입교연원도 되어주시고 전무출신 할 수 있도록 이끌어 주셨다.

외조모님은 신심·공심·공부심이 장하셨다.

『한울안 한 이치에』 제1편 법문과 일화 제7 기연 따라 주신 말씀 7절에 정산 종사님께서 군산교당 순교 김세화행金世和行에게 하신 말씀이 나온다.

"순교가 대통령보다 낫다. 대통령은 한나라에 국한된 일이나 우리 교단 사업은 국한 없는 세계 사업이기 때문이다."

나는 직장 관계로 청년회원으로 대전교당에 적을 두고 있었다. 당시 교무님은 故 균산 정자선 교무님과 보타원 박명제 부교무님이셨다. 일반법회 설교 시에 故 균산 정자선 교무님이 수행품 58장 '마음 난리를 평정하는 도원수가 되라'는 설교를 하셨다.

"우리의 공부법은 난리 세상을 평정할 병법兵法이요, 그대들은 그 병법을 배우는 훈련생과 같다 하노니, 그 난리란 곧 세상 사람의 마음 나라에 끊임없이 일어나는 난리라, 마음 나라는 원래 온전하고 평안하며 밝고 깨끗한 것이나, 사욕의 마군을 따라 어둡고 탁해지며 복잡하고 요란해져서 한없는 세상에 길이 평안할 날이 적으므로, 이와 같은 중생들의 생활하는 모양을 마음 난리라 한 것이요, 병법이라 함은 곧 우리의 마음 가운데 모든 마군을 항복받는 법이니 그 법은 바로 정定과 혜慧와 계戒를 닦으며, 법法과 마魔를 구분하는 우리의 수행 길이라, 이것이 곧 더할 수 없는 세계 정란靖亂의 큰 병법이니라. 그러나, 세상 사람들은 이 마음 난리는 난리로 생각하지도 아니하나니 어찌 그 본말을 안다 하리요. 개인·가정과 사회·국가의 크고 작은 모든 전쟁도 그 근본을 추구해 본다면 다 이 사람의 마음 난리로 인하여 발단되는 것이니, 그러므로 마음 난리는 모든 난리의 근원인 동시에 제일 큰 난리가 되고, 이 마음 난리를 평정하는 법이 모든 법의 조종인 동시에 제일 큰 병법이 되나니라. 그런즉, 그대들은 이 뜻을 잘 알아서 정과 혜를 부지런히 닦고 계율을 죽기로써 지키라. 오래오래 쉬지 아니하고 반복 수행하면 마침내 모든 마군을 항복 받을 것이니, 그리된다면 법강 항마의 법위를 얻게 되는 동시에 마음 난리에 편할 날이 없는 이 세상을 평정하는 훌륭한 도원수都元帥가 될 것으로 확신하노라."

이 법문에 발심이 나서 전무출신의 계기가 된다. '마음 난리를 평정하는 도원수都元師'가 되기 위해서이다.

나의 출가 추천인은 故 항타원 이경순 종사님이시다. 나는 23세에 대구교당에서 2년 간사근무를 했다. 교감님은 故 항타원 이경순 종사님이시고 교무는 각타원 장경진 교무, 부교무는 예타원 신혜권 교무님이셨다.
원광대학교 4년 졸업 후 중앙훈련원 훈련교무 6개월을 마치고, 부산교당 부교무, 대구원광한의원 교무, 삼정원 교무, 원광종합사회복지관 관장, 금산교당 교무, 신태인교당 교무로 봉직하다 2014년도에 퇴임하여 오늘날 77세에 이르기까지 대종사님 만난 행복감에 일원상의 진리를 신앙하고 수행하여 일원의 위력을 얻고 일원의 체성에 합하도록까지 서원하고 또 서원한다.

끝으로 『법문과 함께하는 禪·茶 그림 원묵화, 선화명상』 그림책을 발간하고, 발간기념으로 작품 112점을 익산 예술의전당에서 5월 19일부터 25일까지 전시할 예정이다.
처음 시도하는 원불교 『정전』과 『대종경』을 중심으로 『법문과 함께하는 禪·茶 그림 원묵화, 선화명상』을 발간하고 전시할 수 있도록 용기를 주시고 이끌어주신 담원 김창배 교수님과 교산 이성택 교무님께 감사드린다.

2022년 대각의 달에
동산수도원에서 복타원 김원도 합장

축사

은혜와 감사로 개벽의 새 시대를 열어갑니다.

복타원 김원도 교무님!
그동안 몇 차례 개인 전시와 국전 출품으로
국전 초대작가가 되어 선화 세계를 펼쳐왔습니다.

교무님으로 다소 생소한 분야!
갖가지 어려움이 왜 없으셨을까요?
그러나 묵묵히 걸어온 선화 문화 세계!
복타원님 선화는 이제 새로운 분야로 접어들어
그동안 교단에서 시도한 적 없는 개척의 새 역사를 만드네요.

우리 교단 기본 교서 『정전』과 『대종경』을 선화의 세계로 승화시키는
교단 100여 년 역사에
누구도 시도해 본 적 없는 업적 일구셨습니다.
『정전』과 『대종경』 사실상 교단 기본교서 그 내용을
선화로 원묵화圓墨畵로 승화시키는 작업
개척 선구자임이 분명합니다.

문화 창조는 종교가 지향하는 궁극 목표
그 목표를 향해 첫 발걸음을 내디딘
대종경 선화에 축하 메시지 전합니다.

원불교는 개벽 시대 정신개벽 슬로건으로 문을 열었고
은혜와 감사 실천에 매진하고 있습니다.

복타원 교무님이 출간하는 이 책은 정신개벽을 위한
나비의 날갯짓입니다.
이 나비의 날갯짓이 앞으로 위대한 폭풍우 되어
인류 정신문명의 새로운 복전으로 작용할 것입니다.
그리하여 다시 개벽 은혜와 감사로
은본주의 새 역사 창조
밑거름이 될 것입니다.

복타원 김원도 교무님!
우리 교단 문화 새 지평 열어주심에 감사하며
새 역사 창조 주인공 되심을 축하합니다.

2022년 대각의 달에
총부 무교지선당 일우에서
교산 이성택 교무 합장

축사

먼저 복타원 김원도 원로교무님의 개인전과 작품집 『법문과 함께하는 禪·茶 그림 원묵화, 선화명상』 발간을 축하드립니다. 코로나19로 힘든 가운데서도 부지런한 작품 활동을 높이 평가합니다. 부디 강건하시어 멋진 선묵화, 원묵화 작품 세계를 기대합니다.

禪室獨坐煎茶翁 每日飯后日常事
선 실 독 좌 전 다 옹 매 일 반 후 일 상 사
昨日黃鳳雲霞茶 今朝鳳鳴竹露茗
작 일 황 봉 운 하 다 금 조 봉 명 죽 로 명

선실에 홀로 앉아 차 달이는 늙은이 매일 밥 먹고 난 후 일상의 일일세!
어제는 황봉 운하차였는데 오늘 아침은 봉명 죽로차일세 그려!

이 시詩는 화옹和翁의 다반사茶飯事입니다. 옛말에 항다반사恒茶飯事란 말이 있듯, 차를 마시고 밥 먹는 일이라는 뜻으로, 보통 있는 예삿例事일이라는 뜻으로 쓰인 말입니다. 우리의 이 말속에는 차茶를 밥 먹듯 했다는 뜻도 함축된 말입니다.

원도 교무님은 이처럼 '항화반사恒畵飯事' 밥 먹듯이 그림을 마음 수행의 한 방편으로 매일 매일 그림을 그리셨습니다. 교무님도 늘그막 요즘은 일상화

반사日常畵飯事입니다. 밥 먹고 나면 홀로 앉아 격식 없이 자유롭게 차도 마시고 붓을 들었습니다.

이런 상황 속에서도 교무님은 변함없는 창작으로『법문과 함께하는 禪·茶 그림 원묵화, 선화명상』집도 발간하시고 작품전을 갖게 되니 중요한 의미의 전시회입니다. 10여 년 전부터 서울을 왕래하시며 저에게 그림을 사사한 제자로 그림을 통한 진지한 수련 행위의 하나로, 마음공부와 선묵화, 원묵화 세계를 새롭게 영역을 개척하시고 교무님의 철저한 자기 연마의 예술정신은 원불교, 불교 세계와 후학들에게 전승되는 귀감이 되었습니다. 불가의 수행자일수록 자기 빛깔을 지녀야 한다고 합니다. 꽃들을 보십시오. 저마다 자기 세계를 활짝 열어 보이고 있습니다.

원도 교무님이 그렇습니다. 사람이 건강하려면 먼저 마음이 안정되어야 합니다. 또한 그림도 마찬가지로 편안한 마음에서 좋은 선묵화, 원묵화 작품이 탄생할 수 있습니다.
교무님의 작품들은 간략하면서도 유연하여 작품엔 원불교 교서에 나온 '처처불상處處佛像 사사불공事事佛供 무시선無時禪 무처선無處禪 동정일여動靜一如 영육쌍전靈肉雙全 불법시생활佛法是生活 생활시불법生活是佛法'으로 교무님의 고결한 인품과 넋이 배어 있습니다.
또한 작품을 통한 '정신개벽精神開闢'의 정신이 녹아 있습니다.

임인년에 갖는 복타원 교무님의『법문과 함께하는 禪·茶 그림 원묵화, 선화명상』 작품집 발간 기념 전시회에 오셔서 고견을 주시고 가시길 바랍니다.

2022년 4월
문화예술학박사 담원 김창배 교수

ZEN Painting Meditation
법문과 함께 하는 禪·茶 그림 원묵화

선 화 명 상

원기107년(2022) 4월 20일 인쇄
원기107년(2022) 4월 28일 발행

저자 복타원 김원도
전북 익산시 평동로 27길 14 원불교 동산수도원
H.P : 010-3689-6718
E-mail : wdo718@hanmail.net

펴낸이	주영삼
펴낸곳	원불교출판사
출판등록	1980년 4월 25일(제1980-000001호)
주소	54536 전라북도 익산시 익산대로 501
전화	063)854-0784
팩스	063)852-0784
홈페이지	www.wonbook.co.kr
인쇄	문덕인쇄

ISBN 978-89-8076-383-2(03200)
값 30,000원